CRISTIANISMO

CRISTIANISMO

Brian Wilson

70

Título original:
Christianity

Este livro foi concebido por Calmann & King Ltd., Londres

Tradução: Pedro Elói Duarte

Revisão: Ruy Oliveira

Capa: FBA
Imagem de capa: Mosaic of Jesus Christ, Hagia Sophia, Istanbul, Turkey
© Feng Wei Photography / Getty Images

Depósito Legal n.º 154078/00

Biblioteca Nacional de Portugal – Catalogação na Publicação

WILSON, Brian

Cristianismo. – (Religiões do mundo; 2)
ISBN 978-972-44-2186-5

CDU 27-9

Impressão e acabamento:
Casagraf – Artes Gráficas, Lda.
para
EDIÇÕES 70
Julho 2000

EDIÇÕES 70, uma chancela de Edições Almedina, S.A.
Avenida Engenheiro Arantes e Oliveira, 11 – 3º C - 1900-221 Lisboa / Portugal
e-mail: geral@edicoes70.pt

www.edicoes70.pt

Índice

Prólogo 5
Prefácio 7
Cronologia do cristianismo 8

1 Introdução 11

Páscoa em Jerusalém 11
Cristianismo em Jerusalém: uma metáfora para o cristianismo universal 15
Jerusalém revisitada 17

2 De Jesus ao Messias, do Messias a Cristo: o desenvolvimento do cristianismo na Antiguidade 18

Introdução 18
O contexto judaico 20
A teologia da restauração de Israel 21
O Jesus histórico 23
O problema do Messias crucificado 26
Do Messias a Cristo 26
Os Evangelhos sinópticos 28
Ordem e serviços da Igreja primitiva 29
Cristianismo popular na Antiguidade 32
A visão grega do mundo e a visão hebraica do mundo na apologética cristã 33
A fixação do cânone cristão 36

3 O conceito de cristandade: o cristianismo da Antiguidade à Idade Média

Introdução 38
A romanização do cristianismo 39
A conversão de Constantino e a criação da cristandade 40
A evolução do ano litúrgico 42
O início da Idade Média 44
A Igreja ortodoxa russa 45
A Idade Média no Ocidente 46
Catedrais e universidades 47
A evolução das práticas religiosas no Ocidente medieval 51
Arte em Foco: Ícones 52
O agravamento do cisma entre o Oriente e o Ocidente 53

4 Reformas no Ocidente 55

Introdução 55
Movimentos reformistas religiosos na Europa 56
A Reforma protestante 57
As Tradições Reformadas 59
A Reforma radical 60
Reforma na Inglaterra 61
Formas do culto protestante 61
A reforma católica 63
A Guerra dos Trinta Anos e o fim da cristandade 65

5 O cristianismo e os desafios da modernidade 66

Introdução 66
Religião e Iluminismo 67
Gestão da diversidade cristã na América inglesa 69
Pietismo protestante e revivalismo religioso no período iluminista 70
Sectarismo na América do século XIX 73
O problema do modernismo religioso 74
Cristianismo protestante e a crise da modernidade no século XX 77
Catolicismo romano após a Segunda Guerra Mundial 78
Cristianismo ortodoxo na Rússia 79
O Cristianismo e a Idade Moderna 81

6 A Globalização do cristianismo 82

Introdução 82
Cristianismo na América Latina 86
Missões cristãs junto aos nativos americanos na América do Norte 88
Cristianismo na Ásia 90
Cristianismo em África 92
O futuro do cristianismo mundial 95
Arte em Foco: Expressões não-ocidentais do cristianismo na arte* 96

7 Crenças e práticas cristãs na Era Pós-moderna 99

Introdução 99
Crenças cristãs no Ocidente Pós-moderno 101
Natureza e destino da humanidade 104
Anjos e demónios 105
Prática cristã Pós-moderna 107
Peregrinação e cura espiritual no Ocidente pós-moderno 111
Conclusão 113

Notas 115
Glossário 119
Dias Santos e Festas 123
Bibliografia 125

Prólogo

Religiões do Mundo

Os cidadãos instruídos ou os estudantes precisam de um bom conhecimento geral do nosso pequeno mas complicado mundo. Há cerca de cinquenta anos atrás talvez tenhamos negligenciado as religiões. Hoje, porém, sabemos e percebemos que as religiões e as ideologias não só formam civilizações como também influenciam directamente os acontecimentos internacionais. Estes pequenos livros fornecem guias sucintos, equilibrados e informativos relativamente às religiões mais importantes, e um dos volumes faz também uma introdução ao cenário religioso que surge agora à medida que entramos num novo milénio.

Hoje queremos não só estar informados como também ser estimulados pela vida e crenças das várias e frequentemente complexas religiões do mundo actual. Estas introduções, criteriosas e acessíveis, permitem ao leitor explorar as riquezas de cada tradição – compreender a sua história, crenças e práticas, e também entender a sua influência no mundo moderno. Os livros foram escritos por uma equipa de excelentes jovens estudiosos que representam uma nova geração de escritores na área dos estudos religiosos. Conscientes das influências políticas e históricas da religião, estes autores pretendem apresentar o plano espiritual da religião de um modo novo e interessante. Assim, tanto o leitor que se interessa apenas por um conhecimento descritivo de uma religião, como aquele que pretende explorar a mensagem espiritual das religiões, podem verificar como estas introduções possuem um valor inestimável.

Nestes livros, o acento é colocado na Idade Moderna porque todas as tradições religiosas sofreram transformações face às experiências traumáticas dos últimos duzentos anos, pelo menos. O colonialismo, a industrialização, o nacionalismo, os revivalismos religiosos, as novas religiões, as guerras mundiais, revoluções e transformações sociais não passaram ao lado da fé; pelo contrário, induziram as forças religiosas e anti-religiosas a darem uma nova forma ao nosso mundo. A tecnologia moderna nos últimos vinte e cinco anos – desde o Boeing 747 à Internet – fez com que o mundo pareça um lugar muito mais pequeno. Até mesmo os mistérios da Lua foram desvendados pela tecnologia.

Conheceremos nestes livros gente da era contemporânea que são exemplos das muitas alterações que se produziram nos últimos séculos. Ao mesmo tempo, cada um dos livros fornece uma visão valiosa sobre as várias dimensões da religião: os seus ensinamentos, narrativas, organizações, rituais e experiências. Ao abordar estas características, cada um dos volumes fornece uma visão ampla da tradição que permite ao leitor compreender o que é que significa pertencer a uma certa confissão. Como diz um provérbio americano nativo: "Nunca julgues alguém sem ter andado alguns quilómetros com os seus sapatos."

Para auxiliar o leitor, incluem-se algumas referências úteis. Cada um dos livros contém uma cronologia, mapa, glossário, lista de dias santos e festas, e bibliografia. Uma selecção de imagens fornece exemplos de arte, símbolos e práticas religiosas contemporâneas. Os destaques "Arte em Foco" exploram com mais pormenor a relação entre a fé e certas expressões artísticas – pintura, escultura, arquitectura, literatura, dança ou música.

Espero que estas introduções sejam agradáveis e esclarecedoras para o leitor. Pensamos que a concisão é a alma do saber: ela pode ser também aquilo de que precisamos, em primeira instância, para fazer uma introdução a temas culturais e espirituais.

Niniam Smart
Santa Bárbara, 1998

Prefácio

Este é um pequeno livro sobre um vasto assunto. A tradição cristã aproxima-se rapidamente do fim do seu segundo milénio de existência. Durante estes dois milénios, o cristianismo sofreu inumeráveis transformações e variações, criaram-se muitos grupos e movimentos, todos eles proclamando ser cristãos. O objectivo deste texto, por conseguinte, não é documentar exaustivamente todos os modos possíveis de ser cristão. É antes uma tentativa de fazer uma introdução ao percurso da história cristã e a alguns dos mecanismos naturais através dos quais a tradição se diversificou e alterou ao longo dos séculos. Certamente, mesmo para fazer isto, no curto espaço deste livro, tivemos de fazer muitas escolhas difíceis. Vários tópicos e exemplos relevantes tiveram de ser deixados para outros estudos mais aprofundados. No entanto, tenho esperança de que o leitor, com esta introdução, não só ficará de posse de um bom conhecimento geral do cristianismo como também ficará numa posição excelente para aprofundar os seus estudos sobre esta fascinante tradição religiosa.

Fui auxiliado por muitas pessoas na preparação deste volume e gostaria de expressar-lhes a minha gratidão. Em primeiro lugar, gostaria de agradecer ao Professor Niniam Smart por me ter dado a oportunidade de contribuir para a colecção “Religiões do Mundo”. Agradeço também a Melanie White, editor delegado em Calmann e King, pela sua paciência e atenção em todas as fases do projecto. Fico igualmente em dívida para com o Professor Frank Gross, meu colega no Departamento de Religião Comparada na Western Michigan University. As suas críticas ao manuscrito original levaram-me a reconsiderar vários aspectos, com grandes ganhos para o texto final. Além disso, beneficiei imenso com os vastos comentários dos quatro revisores anónimos de Prentice Hall; embora nem sempre tivéssemos chegado a acordo em relação a alguns aspectos interpretativos, as suas críticas pormenorizadas conduziram a muitas melhorias no texto. Por fim, gostaria de agradecer a Charles Wilson e a Cybelle Shattuck pelo entusiasmo e encorajamento.

Brian Wilson

Março, 1998

Cronologia do Cristianismo

Antiguidade	Factos
c. 1200 a.C.	Invasão israelita da terra de Canaã.
1000	Fundação do reino israelita por David.
63	Anexação romana da terra de Israel.
c. 6-4 a.C. a c. 33 d.C.	Vida de Jesus.
48 d.C.	Concílio apostólico em Jerusalém.
c. 65	Morte de Paulo de Tarso.
70	Destruição de Jerusalém pelos Romanos.
c. 70-80	Redacção do *Evangelho de S. Marcos,* o mais antigo Evangelho existente.
c. 140	Controvérsia sobre a rejeição da Bíblia hebraica por Marcião leva ao debate sobre o cânone cristão.
313	O Edicto de Milão, de Constantino, concede tolerância religiosa aos cristãos no Império Romano.
325	Controvérsia ariana leva ao Concílio de Niceia.
356	Morte de Sto. Antão, pioneiro do monaquismo cristão.
384	O cristianismo torna-se religião aceite no Império Romano.
387	Fixação do cânone cristão.
Idade Média	
410	Queda de Roma.
570ss	Ascensão do Islão.
988	O cristianismo ortodoxo é instituído na Rússia.
1096-1270	Período das Cruzadas, expedições militares sancionada pelo papa para resgatar Jerusalém e a Terra Santa aos muçulmanos.
c. 1100	Início da construção das grandes catedrais góticas da Europa.
1210	Reconhecimento papal da Ordem Franciscana

1216	Reconhecimento papal da Ordem Dominicana.
1274	Morte de Tomás de Aquino, grande teólogo escolástico.
1302	A bula (documento papal oficial) *Unam Sanctum* aumenta a autoridade papal.
1309-77	Grande Cisma Ocidental conduz à instituição de papas rivais em Roma e Avinhão, França.
1415	O reformista Jan Hus é queimado numa fogueira no Concílio de Constança.
1492	Os europeus descobrem a América.

Reformas Europeias

1500ss	Início, em grande escala, das missões católico-romanas ao mundo não-ocidental.
1517	As 95 teses de Martinho Lutero despoletam a Reforma Protestante na Europa.
1531	Morte de Ulrico Zuínglio, um dos fundadores da Tradição Reformada.
1534	A Inglaterra rompe com Roma e cria a Igreja anglicana; aparição lendária da Virgem Maria a Juan Diego, no México.
1545-63	Concílio de Trento promove a reforma católico-romana.
1555	Paz de Augsburgo estabelece uma paz temporária entre católicos e protestantes na Europa.
1564	Morte de João Calvino, um dos fundadores da Tradição Reformada.
1589	Instituição do patriarcado ortodoxo de Moscovo.

Idade Moderna

1600ss	Início da colonização inglesa da América.
1648	Fim das guerras religiosas europeias.
1650	Morte de René Descartes, defensor do racionalismo.
1681	Morte de Nikon, patriarca de Moscovo.
1700ss	Início, em larga escala, das missões protestantes ao mundo não-ocidental.

1705	Morte de Philipp Spener, fundador do movimento pietista na Europa.
c. 1720	Início do Primeiro Grande Despertar na Europa na América.
1721	Abolição do patriarcado de Moscovo pelo czar Pedro, o Grande.
c. 1790	Início do Segundo Grande Despertar na América.
1791	Primeira Emenda da Constituição americana garante a tolerância religiosa nos Estados Unidos.
1815	Morte de Handsome Lake, fundador da religião iroquesa Longhouse.
1830	Fundação da seita dos Mórmones.
1859	Publicação da *Origem das Espécies,* de Darwin, origina debate aceso sobre a teoria da evolução.
1910	Publicação de *Os Fundamentos,* que fixa as doutrinas do protestantismo fundamentalista.
1914-18	Primeira Guerra Mundial.
1929	Morte de William Wade Harris, profeta da Igreja independente harrista, movimento da África Ocidental.
1939-45	Segunda Guerra Mundial.
1940ss	Fundação do movimento de oração Taizé, em França
1953	Fundação do Jamaa, movimento católico cismático do Zaire.
1954	Fundação da Igreja da Unificação, do Rev. Sun Myung Moon.
1962	Encontro do Vaticano II.
1970ss	Aparecimento da Teologia da Libertação na América Latina; início da Aliança Evangélica conservadora na América.
1989	Ressurgimento da Igreja Ortodoxa na Rússia após colapso da União Soviética.

Introdução 1

Páscoa em Jerusalém

A cidade de Jerusalém, no moderno Estado de Israel, é um local adequado para iniciarmos a nossa introdução ao cristianismo. Embora o cristianismo seja uma religião minoritária nesta cidade dominada por judeus e muçulmanos, Jerusalém desperta ainda a imaginação de muitos cristãos. Acredita-se que este é o lugar onde Jesus de Nazaré foi executado pelas autoridades romanas há cerca de 2000 anos. Os cristãos acreditam que foi também aqui que Jesus ressuscitou, revelando a sua verdadeira identidade como o **Messias***.[*Os termos em negrito remetem para o glossário; as notas estão no final do livro] E foi igualmente aqui que se erigiu uma das primeiras igrejas cristãs – a igreja de onde saíram os primeiros missionários cristãos que difundiram pelo resto do mundo as novas da **ressurreição** de Jesus. São estas razões que levam peregrinos de todo o mundo a viajar para esta cidade durante a semana da Páscoa, visitando in loco os sítios onde a tradição diz que Jesus passou os seus últimos dias.

Todos os anos, na Primavera, os cristãos católico-romanos reúnem-se em Jerusalém para comemorar a Sexta-feira em que Jesus percorreu o caminho desde o local da sua condenação até ao local da sua execução, Gólgota. O caminho por onde Jesus seguiu, agora chamado *Via Dolorosa* (Via-Sacra), não é longo, mas é recordado pelos acontecimentos significativos e comoventes que nele tiveram lugar. A peregrinação começa no local onde se pensa que se situava o palácio de Pôncio Pilatos, actualmente um liceu muçulmano, e os crentes católicos param nos outros treze sítios (ou "estações"). Em cada um destes, o chefe do grupo lê uma passagem dos Evangelhos que explica a importância do local. O grupo pode então orar, talvez cantar um hino, e depois continua. Na terceira estação, o grupo pára para contemplar o sítio onde se diz que Jesus caiu pela primeira vez sob o peso da grande cruz de madeira que carregava; na quarta estação, param para recordar o local onde Maria, mãe de Jesus, se destacou da multidão para confortar o filho no seu caminho para a morte.

A procissão da Sexta-feira Santa católica termina nas estações treze e catorze: Gólgota, o lugar tradicional da crucificação de Jesus, e o Santo Sepulcro, o local que é tradicionalmente considerado a sepultura de Jesus. Actualmente, estes dois lugares estão abrigados sob o telhado de um antigo e impressionante edifício: a Igreja do Santo Sepulcro. Após um período de meditação na rocha do Gólgota, a procissão termina com os crentes católicos a fazerem uma fila para entrar na pequena capela interior erigida sobre o local da sepultura de Jesus. Dois dias depois – Domingo de Páscoa –, os peregrinos regressam à Igreja do Santo Sepulcro para celebrarem uma missa solene.

Os católicos romanos não são os únicos cristãos que fazem do Santo Sepulcro o centro das suas devoções pascais. Eles partilham a igreja com alguns outros ramos, incluindo diversos grupos de cristãos ortodoxos. Devido ao facto de os cristãos ortodoxos calcularem a data da Páscoa de um modo diferente do dos católicos, a celebração de ambos coincide apenas de quatro em quatro anos. Existem entre eles muitas outras diferenças. Os cristãos ortodoxos do Oriente chamam ao dia anterior ao Domingo de Páscoa *Sabta Nur* – o Sábado do Fogo

Durante o Sábado do Fogo Santo, o patriarca ortodoxo grego de Jerusalém mantém erguida uma vela acesa, símbolo da ressurreição de Jesus.

Santo. O Sábado do Fogo Santo é de tal modo importante que os cristãos ortodoxos vêm de sítios tão longínquos como a Rússia, Grécia, Estados Unidos e Turquia para a ele assistirem. Os crentes ortodoxos passam habitualmente a noite no pátio da Igreja do Santo Sepulcro de modo a conseguirem os melhores lugares na igreja para a cerimónia do fogo. No dia seguinte, quando as portas se abrem, os crentes ortodoxos aglomeram-se junto à pequena capela interior erigida sobre o local do túmulo de Jesus. Pelas onze horas da manhã, os guardas muçulmanos do Sepulcro entram na capela, apagam as lamparinas e velas que estão aí acesas, retiram todos os utensílios de fazer fogo e depois selam as portas da capela com um enorme selo de cera. Os crentes ortodoxos esperam depois a chegada do **patriarca** ortodoxo grego e do seu cortejo.

Duas horas depois, o patriarca e o seu cortejo entram na Igreja do Santo Sepulcro. O patriarca dá três voltas à capela no sentido oposto ao do relógio e pára em frente à porta selada. Todas as luzes são então apagadas e a rotunda da igreja fica às escuras. Alguém ajuda o patriarca a remover os seus paramentos. De seguida, é delicadamente inspeccionado pelos seus ajudantes para demonstrar à multidão que não tem com ele fósforos nem isqueiro. Nesta altura, chega o patriarca da Igreja ortodoxa arménia; juntos, os patriarcas quebram o selo da porta e entram na capela, fechando a porta atrás de si.

Cai o silêncio sobre a multidão. O interior da capela continua envolto numa completa escuridão durante alguns minutos. Pouco depois, pode ver-se uma luz ténue que se escapa pelas duas pequenas aberturas em cada um dos lados da capela. O patriarca ortodoxo grego atira um archote aceso por uma das janelas. Segundo os crentes, é Deus quem envia do Céu um fogo especial para a capela – um sinal de que Jesus ressuscitou realmente. Uma exclamação eleva-se da multidão: *Kyrie Eleison* ("Senhor, tende piedade!"). Primeiro, uma procissão ordeira sobe até ao lugar onde está o archote, muitos para acenderem molhos de 33 velas brancas, uma para cada ano da vida de Jesus. O resto da multidão avança depois para acender as suas velas com o fogo sagrado. As velas acendem outras velas e o Fogo Santo sai da igreja para o pátio, que agora resplandece também de luz. Uns colocam as chamas perto das suas faces, convencidos de que o Fogo Santo lhes não queimará a carne; outros acendem pequenas lanternas de metal nas quais levam a chama sagrada para suas casas – para a Grécia, para a Rússia, para os Estados Unidos. O próprio patriarca ortodoxo grego levará a chama sagrada para Belém, onde acenderá as lamparinas suspensas sobre o lugar tradicional do nascimento de Jesus. No dia seguinte, o patriarca regressará à Igreja do Santo Sepulcro para celebrar a Missa de Páscoa.

Entretanto, muito acima da igreja, outro grupo de cristãos ortodoxos celebra os seus ritos de Páscoa. Aí, os monges do adjacente mosteiro ortodoxo etíope realizam uma antiga cerimónia: a "Busca do Corpo de Jesus". Andando à volta de uma pequena capela, parecida com a capela do túmulo que está por baixo, a procissão ortodoxa etíope move-se de início solenemente, cantando, tocando tambores de madeira e sistros, uma antiga forma de guizo. Andando sempre em círculo, a procissão continua, tornando-se mais alegre a cada volta que dá. Pouco depois, a solenidade dos monges dá lugar à alegria e animação, pois procuraram o corpo de Jesus e agora rejubilam quando descobrem que ele não pode ser encontrado – uma prova da sua ressurreição.

Os cristãos ortodoxos e católicos não são as únicas ramificações do cristianismo que fazem as suas devoções em Jerusalém. Alguns protestantes participam nos rituais dos católicos e dos ortodoxos, atraídos pela pompa e magnificência destas antigas cerimónias. Outros preferem não se misturar com os católicos ou com os ortodoxos. Profundamente preocupados em encontrar o verdadeiro lugar dos acontecimentos bíblicos e ofendidos pela "adoração indecorosa" perpetrada na Igreja do Santo Sepulcro, os anglicanos do final do século XIX procuraram um lugar alternativo. Encontraram-no numa colina à saída da cidade antiga. Aqui, uma formação rochosa lembrava Gólgota, e a presença nesse sítio de um antigo túmulo convenceu-os de que esse era o verdadeiro local da morte e ressurreição de Jesus. Embora a autenticidade deste lugar seja ainda muito debatida, muitos protestantes encontraram nele exactamente aquilo que procuravam: uma Jerusalém mais coincidente com os Evangelhos, livre de séculos de rituais e ornamentos.

É irónico que os Lugares Santos cristãos de Jerusalém – cenários de tantas alegrias e promessas de paz – sejam, porém, lugares de conflitos difíceis de resolver. Quer sejam ortodoxos, católicos ou protestantes, todos estes peregrinos se deslocam a Jerusalém para celebrar a ressurreição de Jesus. Como tal, cada grupo reconhece, talvez relutantemente, o outro como cristão. Isto é o que os liga numa tradição única. No entanto, qualquer observador percebe que não existe nenhuma verdadeira unidade. Todos estes grupos consideram importantes e fundamentais as suas diferenças – estas não são apenas uma questão de escolha, são também uma questão de verdade. E pela verdade, como se sabe, vale a pena lutar, física ou simbolicamente.

O patriarca arménio, por exemplo, tem de lutar todos os anos pelo direito de acompanhar o patriarca grego à capela interior durante o Sabta Nur, e há muito tempo que os cristãos etíopes perderam o direito de realizar os seus ritos na própria igreja. Estas tensões ilustram o zelo com que é controlado o espaço na Igreja do Santo Sepulcro. O conflito entre católicos e ortodoxos costuma ser ainda mais turbulento. De quatro em quatro anos, por exemplo, a Páscoa dos cristãos ocidentais e dos ortodoxos celebra-se na mesma semana, e as duas confissões são obrigadas a partilhar a Igreja do Santo Sepulcro nas suas devoções pascais. Este facto, no passado, traduzia-se normalmente em confrontos violentos, com os muçulmanos e depois com os Israelitas que controlavam a cidade a terem de intervir para acalmar os ânimos. Estas tensões existem ainda, e mesmo hoje as tréguas são muito frágeis. As cerimónias de ambos só são realizadas graças a estritos regulamentos de espaço e tempo, pois a violência e o conflito continuam a ser possibilidades sempre presentes.

Face a uma situação tão volúvel, as respostas típicas podem alternar entre tomar um dos partidos ou considerar toda a situação absurda. No entanto, como compreenderam ao longo dos tempos as autoridades seculares que controlam Jerusalém, nenhuma das respostas é correcta. Considerar apenas um dos lados é distorcer a realidade da situação; não ter essa realidade em conta é ignorar as suas verdadeiras implicações. Como as autoridades seculares perceberam, o único modo pragmático de compreender o cristianismo em Jerusalém é colocar num mesmo plano as várias pretensões de controlo exclusivo dos santuários cristãos da cidade e abordar o problema com um verdadeiro reconhecimento de uma diversidade permanente. Só deste modo podem ser delineados caminhos para a tolerância mútua e cooperação, e, na maioria dos casos, evitar o conflito e a violência.

Cristianismo em Jerusalém: uma metáfora para o cristianismo universal

De certa forma, a situação cristã em Jerusalém simboliza a situação mais vasta do cristianismo universal. Tal como a cidade, o mundo é habitado por uma grande diversidade de grupos cristãos e todos eles pretendem ser o centro da tradição. Certamente, a situação a nível global é qualitativamente diferente e muito mais complexa: se se encontram em Jerusalém cerca de uma dúzia de confissões, calcula-se que em todo o mundo existam 21.000 diferentes grupos de cristãos. Contudo, de modo a compreendermos seriamente a realidade do cristianismo global, temos de adoptar uma abordagem similar àquela que foi adoptada na cidade. Por outras palavras, é necessário reunir as pretensões de cada um dos grupos e reconhecer claramente a permanente diversidade do cristianismo. Este é o objectivo do presente livro.

Em vez de se concentrar exclusivamente no desenvolvimento de uma confissão maioritária cristã, este texto pretende mostrar o desenvolvimento da tradição cristã de um modo tão holístico e global quanto possível. Certamente, seria um trabalho exaustivo, e mesmo impossível, considerar a tradição cristã em todas as suas variedades no espaço de um texto introdutório. Para se fazer isso teríamos de escrever uma enciclopédia, e não é isso que queremos fazer aqui. O que tentamos fazer é mostrar um espectro da diversidade cristã, registando as transformações significativas que se deram na tradição desde as suas origens até aos dias de hoje. Deste modo, o cristianismo pode ser visto pelo que historicamente era e pelo que continua hoje a ser: uma religião viva, sempre a mudar, e que, como qualquer outra religião, deve a sua vitalidade à sua diversidade.

O processo de mudança numa tradição religiosa é normalmente um processo pouco visível, do qual quase não nos apercebemos. Quando é percebido, porém, nem sempre agrada a todos. Surgem conflitos entre aqueles que desejam conservar as formas do passado e aqueles que querem seguir as transformações do presente. Surgem as divisões, e uma única tradição religiosa pode dar assim origem a um impressionante rol de transformações no interior de uma sociedade. Certamente, as sociedades são já, em si mesmas, diversas, compostas de diferentes configurações de estruturas filosóficas, políticas e económicas. Uma tradição ao entrar numa nova sociedade adapta-se inevitavelmente à nova disposição destas estruturas sociais, criando neste processo formas novas e diversas. Isto pode, também, conduzir à divisão na tradição e, assim, à medida que uma tradição religiosa cresce e se difunde, a diversificação torna-se inevitável.

Esta, em grande parte, tem sido a história do cristianismo. Este livro tem como objectivo fazer uma introdução a essa história, mostrando o desenvolvimento do cristianismo ao longo de cinco grandes períodos: a Antiguidade, Idade Média, a Reforma, a Idade Moderna e, finalmente, o período nosso contemporâneo, por alguns chamado "pós-moderno". Cada um destes períodos foi testemunha do crescimento e difusão progressivos do cristianismo, e simultaneamente cada um deles se caracterizou por mudanças singulares nas estruturas e dinâmicas das sociedades onde se encontravam grupos cristãos. A reunião destes dois factores resultou no facto de cada período ter visto surgir um conjunto singular de cristianismos. Certamente, nem todos estes novos grupos e movimentos cristãos sobreviveram ao período que os viu nascer, mas este não é um critério para a sua inclusão nesta narrativa. Os grupos e movimentos que serão aqui discutidos foram escolhidos porque representam aspectos importantes da contínua diversificação do cristianismo em cada um daqueles períodos.

Ao longo da história da tradição cristã, a mudança acarretou quase sempre conflitos relativos a quatro dimensões religiosas: histórias sagradas ou mitos; crenças religiosas ou doutrinas; práticas religiosas ou rituais e a estrutura institucional da igreja. Efectivamente, ao longo da história, os grupos cristãos tenderam sempre a definir-se a si mesmos segundo as suas formulações singulares destas quatro dimensões. Frequentemente, nos próximos capítulos, focaremos a mudança nestas quatro dimensões. Em cada período, discutiremos instâncias específicas onde conflitos sobre mitos, doutrinas, rituais cristãos e instituições conduziram à criação de novos grupos cristãos.

Jerusalém revisitada

Se a cidade de Jerusalém foi um local adequado para iniciar esta introdução, é também um local adequado para a terminar. Como veremos no próximo capítulo, a história cristã começa na antiga Jerusalém, e a cidade continuou a desempenhar um papel importante na evolução da tradição desde os primeiros séculos. Contudo, ao começarmos este estudo do cristianismo, é realmente a cidade actual de Jerusalém que nos preocupa aqui. Se Jerusalém, actualmente, é um símbolo da diversidade cristã – com todo o potencial e perigos que isso implica –, a cidade é também símbolo de outra coisa de que não nos podemos esquecer: os cristãos não estão sozinhos em Jerusalém. Eles partilham a cidade com membros de outras duas religiões mundiais: o judaísmo e o islamismo. Efectivamente, a diversidade cristã é apenas uma parte da totalidade da diversidade religiosa da cidade.

E tal como os cristãos convivem com judeus e muçulmanos em Jerusalém, também os cristãos em todo o mundo partilham o planeta com diversas outras crenças. Estudar o desenvolvimento do cristianismo, portanto, é não só importante para se compreender a diversidade cristã, mas pode também ser um modo importante para se começar a compreender a diversidade religiosa em geral. Espera-se que ao transmitir um sentido da naturalidade e inevitabilidade da diversidade numa religião, este volume possa, por fim, conduzir o leitor a compreender melhor a naturalidade da diversidade religiosa em todo o mundo.

De Jesus ao Messias, do Messias a Cristo: o desenvolvimento do cristianismo na Antiguidade

2

Introdução

Actualmente, o cristianismo é a maior tradição religiosa do mundo, e conta com cerca de 1,8 biliões de crentes, um facto impressionante se tivermos em conta as suas origens. Surgido no primeiro século da nossa era, e centrado num obscuro e carismático pregador aldeão judeu, chamado Jesus de Nazaré, o cristianismo cresceu rapidamente para além das fronteiras da terra de Israel e acabou por se tornar numa religião aceite no Império Romano no século IV d.C. A partir desta base imperial e das que lhe sucederam, os missionários cristãos difundiram a mensagem cristã pelo resto do mundo durante o milénio e meio seguinte.

Mesmo na sua origem, o cristianismo não era uma tradição unificada. O cristianismo, como veremos, resultou de uma amálgama de elementos de muitas tradições. Jesus era judeu e, por conseguinte, muitos temas e ideias importantes tiveram origem na sua herança judaica. Além disso, não foi o próprio Jesus quem fundou a Igreja cristã. No início, existiam muitas igrejas fundadas por muitas pessoas. Alguns eram judeus, e portanto comungavam da visão hebraica do mundo de Jesus. Outros, porém, eram Gregos e, na verdade, uma das personagens mais importantes da história cristã – Paulo de Tarso – foi um judeu influenciado por ideias gregas. Depois da época de Paulo, a visão do mundo, grega ou helénica, veio a desempenhar um papel cada vez mais importante na formação da tradição cristã. Assim, quando o cristianismo surgiu nos últimos séculos da Antiguidade, já incorporava diversos elementos culturais e sociais. Neste capítulo traçaremos a confluência histórica destes elementos, começando pelo judaísmo.

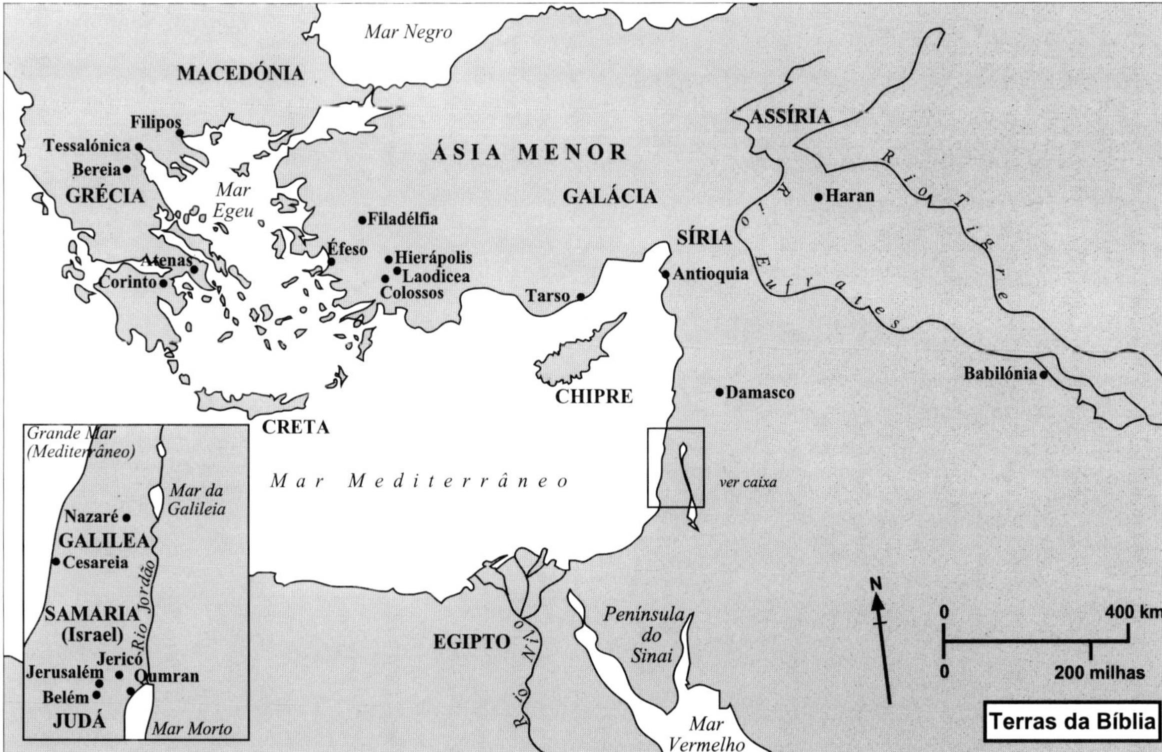
Terras da Bíblia
Mar Negro
MACEDÓNIA
Filipos
Tessalónica
Bereia
GRÉCIA
Mar Egeu
Atenas
Corinto
Éfeso
Filadélfia
Hierápolis
Laodicea
Colossos
ÁSIA MENOR
GALÁCIA
Tarso
SÍRIA
Antioquia
ASSÍRIA
Haran
Rio Tigre
Rio Eufrates
Babilónia
Damasco
CHIPRE
CRETA
Mar Mediterrâneo
ver caixa
EGIPTO
Rio Nilo
Península do Sinai
Mar Vermelho
N
0
400 km
0
200 milhas
Grande Mar (Mediterrâneo)
Mar da Galileia
Nazaré
GALILEA
Cesareia
SAMARIA (Israel)
Rio Jordão
Jericó
Jerusalém
Qumran
Belém
JUDÁ
Mar Morto

O contexto judaico

Os estudiosos acreditam que os antepassados do povo judaico, os Hebreus, eram descendentes dos povos semíticos que invadiram a Mesopotâmia e fundaram a cidade-Estado de Acad no terceiro milénio a.C. Em certa altura, provavelmente por volta de 1700 a.C., um grupo destes Semitas mesopotâmicos adoptou a pastorícia e migrou para o sul da Mesopotâmia, acabando por estabelecer-se junto a outro grupo de língua semítica, os Cananeus. A maioria destes emigrantes fixou-se e começou a assimilar grande parte da cultura dos Cananeus. Outros, porém, continuaram o seu estilo de vida nómada e dirigiram-se para sul até ao Egipto. Estes eram os antigos Hebreus.

Por volta de 1200 a.C., os Hebreus regressaram à terra dos Cananeus e tentaram reintegrar-se na sua sociedade. Mas a integração não seria fácil, pois, durante a estada no Egipto, tinham sofrido uma transformação religiosa surpreendente. Os Hebreus já não eram politeístas, adoradores de vários deuses, mas tinham-se tornado monoteístas, crentes num só deus. Rejeitaram assim o politeísmo dos Cananeus indígenas. Além disso, a divindade dos Hebreus não era um deus que estava num único local, mas uma divindade que viajava com o seu povo, ligado a eles por uma promessa ou aliança. Chamado Iavé, o deus único prometeu aos Hebreus que os ajudaria a prosperar se em troca se mantivessem fiéis observando um regulamento estrito de comportamento ético e realizando um conjunto de rituais específicos. Esta transformação religiosa foi de tal modo importante que os Hebreus assumiram o novo nome de Israelitas, nome este que tinha origem em Jacó Israel, um antigo chefe tribal que tivera o privilégio de se encontrar directamente com Iavé.

Os Israelitas tinham-se tornado religiosamente tão diferentes dos Cananeus que, pouco depois de terem entrado na terra de Canaã, se iniciou um período de conflitos durante o qual os Israelitas foram ganhando o controlo da terra aos Cananeus. Durante este período, os Israelitas, influenciados pelos Cananeus, e sem exigência militar, adoptaram a instituição da realeza. Anteriormente, os Israelitas eram governados por "juízes", que eram na verdade generais ou senhores da guerra temporariamente eleitos por uma comissão ad hoc. Porém, pouco depois da instituição da monarquia israelita no ano 1000 a.C., o rei David conseguiu unificar as tribos e criou uma capital situada na antiga cidade cananeia de Jerusalém. Os Israelitas desenvolveram aqui um centro de culto muito sofisticado, com um templo magnífico, um clero profissional, uma liturgia complexa, sacrifícios animais e festas anuais às quais se deslocava, em peregrinação, toda a população das redondezas. Foi durante este período que o conjunto de documentos que viria a ser a **Bíblia hebraica** (chamada pelos cristãos de *Antigo Testamento*) começou a tomar forma. Por fim, David e o seu filho, Salomão, acabariam por criar o império israelita que se estendia da Mesopotâmia ao Egipto.

A teologia da restauração de Israel

A monarquia de David e Salomão representou o maior marco da civilização israelita. Após a morte de Salomão, os Israelitas sofreram sucessivos reveses políticos e militares que acabaram por conduzir à perda completa da autonomia do reino de Israel. Uma sucessão de senhores coloniais controlou os territórios durante grande parte do primeiro milénio a.C.: primeiro os Assírios, seguiram-se os Babilónios e os Persas, depois os Gregos e, finalmente, em 63 a.C., os Romanos, que incorporaram o território no emergente Império Romano. Os Romanos chamavam ao reino de Israel a província da Judeia, e ao povo que aí vivia chamavam Judeus.

Os infortúnios deste período ocasionaram uma revisão global da teologia israelita, levada a cabo em grande parte pelos **profetas**. Isaías, mentor religioso e profeta do século VIII a.C. ligado ao templo de Jerusalém, convenceu os seus ouvintes de que estes infortúnios eram sinal do descontentamento de Deus relativamente aos Israelitas, e de que estavam a caminho do desastre. Isaías, porém, equilibrava a sua profecia de desgraça anunciada com outra profecia de grande esperança. Por um lado, Isaías anunciava que um dia surgiria uma mulher descendente de David que daria à luz um filho que salvaria Israel. Não sabemos a quem se referia Isaías, mas a ideia de um futuro rei descendente de David, um rei que seria ungido com o óleo da realeza – um Messias –, tornar-se-ia doravante um elemento permanente da crença judaica.

Durante este período, os Judeus começaram a emigrar do reino de Israel, tanto por razões políticas como por razões económicas. Este facto levou à criação de grandes comunidades judaicas ultramarinas, colectivamente chamadas Diáspora (em grego, "dispersão"). Para suprir as necessidades religiosas destes Judeus, desenvolveram-se centros locais de culto e de instrução religiosa, institucionalizados como sinagogas (em grego, "assembleia"). Em breve, as sinagogas tornar-se-iam um lugar comum no próprio reino de Israel.

Muitos dos Judeus que estavam no estrangeiro, durante este período, acabaram por assimilar as culturas grega e romana, e estas influências fizeram-se sentir no reino de Israel. Os Judeus ricos e educados tornaram-se bilingues, falando grego: em breve a Bíblia hebraica seria traduzida para o grego (a chamada *Versão dos Setenta*). Mas nem todos os Judeus na Judeia, porém, aceitavam de bom grado esta invasão da cultura grega e romana; de igual modo, o governo romano também não agradava a todos. Os Saduceus, por exemplo, eram a élite de sacerdotes profundamente preocupados com a conservação dos rituais do templo e, por conseguinte, receavam as influências culturais estrangeiras no seu território. Os Fariseus constituíam outro partido religioso, que eram essencialmente os rabinos ou mestres da sinagoga. Tal como os Saduceus, os Fariseus preocupavam-se com as influências culturais estrangeiras, embora estivessem menos interessados nos rituais do templo. Estavam mais interessados na pureza ritual individual – pureza que só poderia ser conservada pela estrita observância do sistema dietético e das outras leis "de condução da vida" que se encontram na Bíblia hebraica. Os Fariseus, portanto, consideravam a complacência da cultura greco-romana uma ameaça para aquela pureza. Além disso, também se desenvolveu entre os Fariseus um pequeno grupo empenhado em derrubar pelas armas o governo romano; os seus membros eram conhecidos por zelotas. Os zelotas acreditavam que a sua resistência armada contra os Romanos era um passo necessário para acelerar a chegada do Messias, o rei davídico que libertaria o reino de Israel de todas as influências estrangeiras e que restabeleceria para sempre a nação israelita.

No entanto, nem todos os movimentos eram tão definidos como estes, principalmente nas zonas rurais do reino de Israel. Estas zonas estavam repletas de milagreiros e mágicos, curandeiros e religiosos, charlatães espirituais e carismáticos agitadores. Durante o princípio do século I d.C., por exemplo, um homem chamado Eleazer exorcizava os demónios de pessoas possuídas; outro, chamado Onias, afirmava que as forças da natureza obedeciam à sua vontade; um terceiro, Hanina ben Dosa da Galileia, realizava curas espirituais à distância; e um quarto, chamado Teudas, afirmava fazer milagres em nome de Deus. Alguns destes homens e mulheres afirmavam mesmo serem o Messias ou os arautos do Messias, e, como percorriam as pequenas cidades e aldeias da Judeia, atraíam alguns seguidores, para não dizer os olhares atentos das autoridades locais. Foram poucos os movimentos deste tipo que duraram muito, mas ajudaram a encorajar a população rural faminta de esperança, tanto espiritual como política, e por isso continuavam sempre a aparecer. Foi neste mundo que Jesus nasceu e cresceu.

O Jesus histórico

Jesus não deixou escritos nem autobiografia, e muito pouco daquilo que realmente disse pode, de um modo fidedigno, ser restaurado pela história. As escrituras cristãs, incluindo as quatro biografias de Jesus chamadas Evangelhos, foram escritas algum tempo depois da sua morte. A imagem moderna que se tem de Jesus é, portanto, um composto feito a partir das análises críticas desses documentos e de uma contextualização cuidadosa dessas análises no mundo do judaísmo do primeiro século.

Presume-se que Jesus nasceu na Baixa Galileia algures entre 6 a 4 a.C. A sua família, pobre mas remediada, mantinha-se a custo como artesãos de aldeia, tal como muitos outros camponeses mediterrânicos da altura. Jesus aprendeu provavelmente o ofício do pai, a carpintaria, mas não teve uma educação formal. Contudo, deve ter frequentado a sinagoga local e ter adquirido aí pelo menos uma familiaridade oral com as Escrituras hebraicas e as questões do judaísmo farisaico. Além disso, Jesus, tal como os seus vizinhos, devia conhecer o mundo itinerante dos curandeiros, exorcistas e pseudo-profetas que se deslocavam por toda a Galileia.

Em certa altura da sua vida, Jesus foi atraído pelos ensinamentos de um pregador chamado João. A história não nos diz claramente de onde surgiu João nem quais eram as suas origens. Quando Jesus o encontrou, ele pregava nas margens do rio Jordão, que fica a um dia de caminho de Nazaré, terra natal de Jesus. Aí, João pregava a antiga mensagem dos profetas, dando ênfase ao fim iminente do mundo pecaminoso e à instituição do reino de Deus num novo mundo. João ensinava que aqueles que quisessem sobreviver à transição deste mundo corrupto para o Reino de Deus, deveriam passar pelo antigo ritual judeu de purificação do baptismo. Ao que se sabe, Jesus teria aceite a mensagem e sido baptizado por João.

Como muitos outros viandantes carismáticos da altura, João atraiu o olhar perscrutador das autoridades romanas que consideravam esta pregação politicamente subversiva. João Baptista foi preso e executado. Com a morte de João, Jesus iniciou a sua própria carreira como pregador. Jesus, porém, parece ter alterado subtilmente a mensagem de João, afirmando que o reino de Deus na Terra já havia sido instituído. Como prova disso, Jesus realizava curas milagrosas e exorcismos, e como consequência do reino, Jesus exortava os seus ouvintes ao igualitarismo radical, ao rompimento com as hierarquias sociais e religiosas que dividiam as pessoas umas das outras. Com esta mensagem tão ousada

Neste sarcófago do século III, Cristo é representado ressuscitando Lázaro. Este milagre expressa a fé no poder de Jesus para vencer os medos humanos da mortalidade.

– especialmente na cultura altamente estratificada e patriarcal do Antigo Israel –, Jesus conseguiu atrair um grupo de discípulos que o acompanhava durante as viagens pelas aldeias onde difundia a sua mensagem.

Não sabemos se Jesus, nesta altura, atraiu os olhares das autoridades políticas, como acontecera com João. Jesus, porém, selou o seu destino quando decidiu levar a sua mensagem ao centro político e religioso do reino de Israel, Jerusalém. Jerusalém ficava apinhada de pessoas durante os períodos festivos, e o templo era um local excelente para Jesus se dirigir a uma audiência maior do que aquela que poderia encontrar nas zonas rurais. Assim, pouco tempo antes da Páscoa, Jesus e os seus discípulos entraram na cidade e começou a pregar no interior do recinto do templo. Devido à natureza da sua mensagem, ou devido a algum incidente no templo, talvez as duas coisas, Jesus despertou a atenção das autoridades religiosas e políticas da cidade. Em pouco tempo, Jesus foi preso e executado pelos Romanos através do vulgar método da crucificação. Isto ocorreu por volta de 33 d.C.

O problema do Messias crucificado

O que aconteceu exactamente logo após a morte de Jesus não pode saber-se com alguma certeza histórica. A primeira reacção dos discípulos de Jesus foi, talvez, a descrença seguida da fuga precipitada de Jerusalém. Apesar do abrupto colapso do movimento de Jesus, um pequeno grupo dos seus discípulos manteve-se em contacto. Além do mais, o carisma de Jesus continuava a exercer um grande fascínio sobre os seus seguidores, ao mesmo tempo que estes se resignavam à sua violenta e ignominiosa morte na cruz. Para alguns, Jesus era indubitavelmente o Messias. Mas, se Jesus era o Messias, como poderia ele morrer? A única resposta possível a esta questão era que ele não morrera, ou se morrera, então ressuscitara. Jesus, portanto, estava vivo, e regressaria em breve como Messias para estabelecer o reino de Deus de que falara. A morte de Jesus foi uma expiação pelos pecados de Israel, um enorme sacrifício que a todos envolveu. Além disso, ao mesmo tempo que Jesus simbolizava a redenção de Israel, também simbolizava cada um de nós. Deste ponto de vista, a sua morte e ressurreição continham simultaneamente, para cada um de nós, a promessa de **salvação** da morte.

Seguros das suas convicções, alguns dos discípulos de Jesus regressaram a Jerusalém e começaram a pregar (embora mais cuidadosamente) a mensagem de Jesus, assim como as novas da sua ressurreição. Para estes **apóstolos**, as boas novas de Jesus dirigiam-se exclusivamente aos Judeus, já que diziam respeito à redenção de Israel. Além disso, os primeiros membros do movimento consideravam-se, acima de tudo, naturalmente Judeus, e continuaram a praticar as leis tal como estão estabelecidas na Bíblia hebraica, incluindo a oração no templo. Nesta altura, portanto, o "movimento de Jesus" podia ser visto como uma seita dentro do judaísmo.

Do Messias a Cristo

Dos centros de Jerusalém e da Galileia, o movimento de Jesus começou a enviar emissários da boa nova às sinagogas de Israel e da Diáspora. Muito provavelmente, estes emissários apresentavam, a quem os ouvia, versões orais da biografia de Jesus e exemplos dos seus ensinamentos. Isto teve dois grandes impactos no desenvolvimento da tradição. Em primeiro lugar, a mensagem do messianismo de Jesus era ainda considerada fundamentalmente política, e, embora ela interessasse a alguns judeus, muitas autoridades das sinagogas rejeitavam os missionários receando represálias dos romanos. Entre os novos missionários depressa se instalou uma atitude negativa relativamente às autoridades das sinagogas e, por fim, ao próprio judaísmo tradicional.

O segundo grande impacto da missão às sinagogas foi o facto de ela ter sido o modo pelo qual a mensagem de Jesus começou a chegar ao mundo helénico ou grego e atrair seguidores não-judeus ("gentios"). Estes seguidores gentios chamavam-se cristãos, nome que tem origem na palavra christos (em grego, "o ungido" ou "Messias"). A missão aos gentios, porém, só começou a expandir-se mais rapidamente com o aparecimento de Paulo de Tarso (m. c. 65 d.C.). Paulo, que nunca conhecera Jesus, foi mesmo assim o missionário mais bem sucedido dos primeiros tempos do movimento de Jesus. Tendo em conta a sua vida antes de se tornar missionário, este sucesso de Paulo no movimento parecia pouco provável, pois, embora tivesse nascido e crescido na Diáspora, Paulo foi também educado com os Fariseus e as suas simpatias, no princípio, viravam-se para as autoridades da sinagoga. Efectivamente, como o próprio admitiu, Paulo era um dos mais enérgicos adversários dos missionários do movimento de Jesus. Contudo, segundo as suas próprias palavras, Paulo viveu uma poderosa experiência de conversão quando viajava para Damasco. Desde então, Paulo tornou-se um fervoroso apoiante do messianismo de Jesus em toda a Diáspora.

Tendo sido criado na Diáspora, e sentindo-se em casa na cultura helénica, Paulo defendia a crescente presença de gentios entre as recentemente organizadas congregações cristãs da Ásia Menor e estava ansioso por facilitar a sua iniciação no movimento. Paulo decidiu que não era necessário que os gentios se convertessem ao judaísmo. Isto não agradou à Igreja de Jerusalém, cujos missionários exigiam essa conversão para alguém se tornar cristão, e gerou-se alguma tensão entre a igreja de Jerusalém e a missão de Paulo. Por fim, receando pela unidade do movimento de Jesus, Paulo deslocou-se a Jerusalém para fazer as pazes com a Igreja judaico-cristã local. No ano de 48 d.C., reuniu-se um Concílio Apostólico. Aí, decidiu-se que os cristãos judeus aceitariam a conversão dos gentios se as congregações de Paulo da Diáspora aceitassem o primado da Igreja de Jerusalém e lhe dessem apoio financeiro. Satisfeito com o acordo, Paulo regressou às suas obras missionárias na Ásia Menor e expandiu-as mais para o interior da Grécia.

Em pouco tempo, porém, Paulo percebeu que as missões judaico-cristãs de Jerusalém continuavam a minar a sua missão ao insistirem que os cristãos gentios seguissem as prescrições rituais da Bíblia hebraica. Como resposta, Paulo viu-se obrigado a rejeitar claramente essas prescrições, afirmando que a aliança que Deus fizera anteriormente com Israel havia sido substituída por uma nova aliança com os gentios. Na verdade, Paulo dizia que seriam os gentios que um dia levariam Israel de regresso a Deus. Paulo formulou uma teologia "gentílica" na qual a salvação (chamada **justificação** por Paulo) seria alcançada não pelas prescrições rituais da Bíblia hebraica, mas como uma oferta da **graça** de Deus. A graça, segundo Paulo, não podia ser ganha por meio do ritual, mas apenas por meio da fé na verdade de Deus e de Jesus.

Por fim, a rivalidade entre a Igreja gentia de Paulo e os cristãos judeus de Jerusalém foi decidida não em termos teológicos, mas antes pelo desenrolar dos acontecimentos políticos. No ano 66 d.C., os judeus de Jerusalém revoltaram-se contra o governo romano, e conseguiram mesmo expulsar da cidade o procurador romano. Ao princípio os Romanos não levaram esta revolta muito a sério, mas ela propagou-se rapidamente pelo resto da Judeia. No ano seguinte, o general romano Tito submeteu impiedosamente o território e cercou Jerusalém. A cidade cairia um ano depois. Todos os Judeus foram sumariamente expulsos da cidade, o templo foi destruído pela segunda vez e a Judeia passou a chamar-se Palestina. A Igreja judaico-cristã de Jerusalém deslocou-se para norte do território onde sobreviveu durante várias gerações. No entanto, despojada do seu símbolo de primazia – Jerusalém –, a Igreja judaico-cristã desapareceu gradualmente do panorama histórico. O destino da tradição cristã estava agora nas mãos das Igrejas gentias.

Os Evangelhos sinópticos

Até que ponto o cristianismo se tornara um fenómeno grego no último terço do primeiro século da nossa era é melhor ilustrado pelos Evangelhos escritos. A história da vida e morte de Jesus circulou oralmente entre as congregações cristãs desde os primeiros anos do movimento, mas as versões escritas mais antigas que existem, datando da década de 70 a.C., foram produzidas exclusivamente em grego. Além disso, estas biografias de Jesus foram escritas dirigidas principalmente aos gentios. O Evangelho de S. Marcos (c. 70 d.C.), por exemplo, estabelece um paralelo entre a morte de Jesus e a destruição do templo de Jerusalém, como se a era iniciada com a morte de Jesus assinalasse o fim do judaísmo e o alargamento da aliança de Deus ao mundo gentio. Esta era essencialmente a mensagem de Paulo, embora, ao incorporá-la simbolicamente na história de Jesus, fosse agora difundida de um modo mais dramático.

Os Evangelhos um pouco mais tardios de S. Mateus e de S. Lucas (ambos c. 79 d.C.) persistiram nesta polémica antijudaica. De facto, os Evangelhos de S. Mateus e S. Lucas foram provavelmente influenciados por Marcos e talvez por outra versão do Evangelho já não existente (devido a esta dependência, os Evangelhos de S. Marcos, S. Mateus e S. Lucas são normalmente chamados Evangelhos sinópticos ou "semelhantes"). Mateus e Lucas, porém, sublinhavam que o cristianismo era a efectivação do judaísmo, não sendo assim uma tradição absolutamente nova. Existiam duas razões para isto. Em primeiro lugar, Mateus e Lucas tiveram o cuidado de construir as suas narrativas de modo a que os acontecimentos da vida de Jesus pudessem ser vistos como realizações das profecias messiânicas tal como se lêem na Bíblia hebraica. Se rejeitassem completamente o judaísmo, seriam obrigados a rejeitar a validade das Escrituras judaicas e, por conseguinte, a prova de que Jesus era realmente o Messias.

A segunda razão para usurparem o judaísmo era uma questão de condição no interior da sociedade romana. Na altura em que estes dois Evangelhos foram escritos, já muitas congregações cristãs tinham sido instituídas há várias décadas e gozavam de alguma estabilidade. No entanto, como se tratava de uma "nova religião" no Império Romano, o cristianismo não gozava de nenhuma das protecções legais conferidas a outras tradições, como o judaísmo, que era reconhecido pelos Romanos como uma "tradição antiga". O Estado romano tinha como base a crença nas antigas deusas e deuses romanos, e se algumas novas religiões não eram consideradas ameaçadoras para o Estado, outras que exigiam uma entrega exclusiva já o eram. O cristianismo era uma destas religiões e, como tal, as congregações cristãs eram frequentemente o alvo de perseguições e prisões realizadas pelas autoridades romanas. Ao manterem a ligação ao judaísmo e declarando que o cristianismo era a única forma legítima do judaísmo, os escritores do Evangelho pretendiam abrigar o cristianismo sob a capa legal de uma "tradição antiga". Mais tarde, esta estratégia tinha já pouco valor, e foi principalmente o crescimento dinâmico do cristianismo que permitiu a sobrevivência da tradição no segundo século d.C.

Ordem e serviços da Igreja primitiva

O cristianismo cresceu rapidamente durante o segundo e terceiro séculos, estendendo-se desde a ponta oriental da bacia do Mediterrâneo – Palestina e Ásia Menor – até à Espanha e norte de África. Encontravam-se importantes centros cristãos em quase todas as maiores cidades do Império Romano. Mesmo em Roma, em meados do século II, existiam três congregações separadas. O crescimento do cristianismo deveu-se a vários factores, mas um dos mais importantes foi, ao contrário de muitas outras novas religiões do império, o facto de as Igrejas cristãs se regerem por uma ética igualitária, abraçando não só as élites, mas também os socialmente marginalizados como as mulheres e os escravos. Além disso, ao mesmo tempo que as promessas cristãs de salvação ofereciam segurança na vida depois da morte, a caridade administrada pelas igrejas oferecia alguma segurança social nesta vida – um aspecto importante num império onde a maioria das pessoas vivia abaixo da linha da pobreza.

Apesar do seu rápido crescimento, as Igrejas cristãs começaram cedo a construir uma estrutura institucional mais ou menos uniforme. Como se foi tornando cada vez mais evidente que a segunda vinda de Jesus, o Messias, só ocorreria num futuro longínquo, a urgência **apocalíptica** das primeiras décadas foi substituída por um ethos de espera paciente. As congregações começaram a desenvolver maneiras de sobreviver a longo prazo e de passar a tradição cristã de geração em geração. As igrejas organizavam-se normalmente a partir de uma hierarquia tripartida. A posição mais importante era a do **bispo** (com origem na palavra grega *episkopos* ou "protector"). O bispo constituía o centro moral da congregação e era o principal mediador entre as pessoas e Deus. De facto, nos primeiros anos, o bispo era a única pessoa que podia administrar o baptismo e a eucaristia. O bispo era auxiliado por um grupo de anciãos ou, em grego, **presbíteros.** Além de auxiliarem o bispo nas suas tarefas rituais, os presbíteros estavam ainda encarregados de tomar decisões e tratar das questões financeiras da congregação. Tinham ainda uma palavra importante a dizer relativamente à admissão de alguém na Igreja. Por fim, surgia o **diácono** (do grego "ajudante"). Os diáconos tinham muitas funções importantes:

instruíam aqueles que queriam pertencer à congregação e cuidavam para que eles ficassem prontos para serem admitidos na igreja. Os diáconos também administravam a caridade aos pobres, viúvas e órfãos da congregação.

Durante o primeiro século e princípio do segundo, o ritual na igreja era muito simples. Como o cristianismo não era ainda uma religião legal, os seus ritos tinham de ser praticados com discrição. Assim, os cristãos primitivos eram obrigados a realizar os seus serviços em casas privadas ou por vezes em cemitérios e túmulos. Os serviços eram normalmente realizados ao Domingo, não só para celebrar o dia da ressurreição de Jesus, mas também para diferenciar os serviços cristãos dos cultos da sinagoga. Os serviços cristãos dividiam-se habitualmente em duas partes: na primeira parte, o bispo lia um episódio da vida de Jesus e depois pregava um sermão para explicar o trecho lido. Depois, todos os que na audiência não fossem baptizados eram convidados a sair para que se pudesse realizar a segunda parte da cerimónia. Na igreja primitiva, os membros da congregação dividiam-se entre os **catecúmenos** não baptizados e os membros efectivos baptizados. Apenas os membros efectivos podiam participar no ritual seguinte, a eucaristia (do grego, "acção de graças").

A eucaristia era, e continua a ser para muitos cristãos, o principal símbolo do cristianismo, pois recria a última ceia (talvez a ceia da Páscoa judaica) tomada por Jesus e seus discípulos antes de ser crucificado. Para recriar esta refeição, os diáconos entregam ao bispo um pão e um cálice de vinho, que simbolizam os elementos da última ceia. O bispo abençoa o pão e o vinho que depois são partilhados pelos baptizados, que o comem e o bebem. Mesma nesta forma simples, a eucaristia dá aos membros baptizados uma poderosa experiência da presença de Jesus – uma experiência impressionante devido à sua imponente solenidade. Este ritual era, por isso, zelosamente guardado dos não preparados, dos não iniciados, dos que não o mereciam. Depois da celebração da Eucaristia, seguia-se uma refeição completa, o **ágape** ou "festim do amor", e a este já eram todos bem-vindos, baptizados e catecúmenos. Ao contrário da solenidade da Eucaristia, porém, esta refeição era marcada pela alegria e espírito de convívio. Ao longo dos anos, a alegria do ágape foi considerada inconveniente e pouco adequada à solenidade da Eucaristia. Assim, a pouco e pouco, este hábito foi-se perdendo, conservando-se apenas a Eucaristia.

O baptismo constituía o segundo grande ritual da igreja e foi adoptado como imitação do baptismo de Jesus realizado por João, no rio Jordão, referido nos Evangelhos. Nas primeiras igrejas, apenas os adultos eram baptizados, pois o baptismo só podia ser recebido por quem tinha passado por um período de instrução doutrinal (o catecumenato). A decisão de admissão do catecúmeno, porém, não era imediata, ela dependia do acordo de toda a congregação. Quando a decisão colectiva é tomada, o catecúmeno espera normalmente pela quadra da Páscoa para ser submetido ao rito, pois é durante este período que o bispo, o único que pode realizar os baptismos, visita todas as congregações. Com o passar dos tempos, e à medida que o número de congregações crescia, tornou-se evidente que o bispo já não podia percorrer todas as congregações. Assim, os deveres de celebrar a Eucaristia e realizar baptismos acabaram por recair nos presbíteros (padres), que eram especialmente consagrados para estas tarefas por meio de um terceiro ritual, a **ordenação** sacerdotal.

O papel das mulheres na Igreja, na Antiguidade, é também uma indicação da institucionalização cada vez maior do cristianismo durante o período dos séculos II e III. No início, as mulheres tinham um papel activo na formação das igrejas. Os Evangelhos narram que Jesus tinha seguidores masculinos e femininos, e que grande parte do apoio financeiro a Jesus provinha de mulheres. Nas cartas de Paulo, as mulheres surgem como missionárias activas; algumas até receberam de Paulo o título de "apóstolo". As mulheres eram proprietárias de muitas das casas onde os antigos grupos de cristãos se reuniam para celebrar os seus ritos, e frequentemente era delas que vinha o apoio financeiro para as primeiras congregações. Em termos de papéis oficiais, as mulheres serviam como diáconos, instruindo outras mulheres catecúmenas e administrando a caridade. Outras eram reconhecidas como profetas nas suas congregações, embora existam poucas provas de que as mulheres fossem, de um modo geral, ordenadas como sacerdotes.

Com o tempo, porém, os papéis da mulher foram sendo severamente restringidos no cristianismo, e isto aconteceu por duas razões. Em primeiro lugar, quanto melhor o cristianismo se estabelecia no império, mais conservador se tornava. Os chefes da igreja estavam interessados em apresentar a fé não como uma força revolucionária, mas como um meio de preservação dos valores da família e da ordem doméstica, valores muito importantes na cultura romana. Isto significava, certamente, que as mulheres eram obrigadas a recolher-se a uma atitude mais submissa e regressar aos seus papéis tradicionais de esposa e mãe. A segunda razão porque foi reduzido o papel das mulheres consistia no facto de elas se encontrarem em posições mais elevadas de domínio (incluindo a ordenação) em congregações consideradas heréticas (culpadas de **heresia**) por grande parte da igreja. De modo a distanciar-se destes grupos, a igreja fez da subordinação completa da mulher uma marca de **ortodoxia,** ou seja, "a crença correcta". De facto, ao acabar por banir o divórcio e o segundo matrimónio, e ao proibir a contracepção e o aborto, a Igreja ortodoxa emergente impôs mais restrições às vidas das mulheres do que as impostas pela cultura romana.

Cristianismo popular na Antiguidade

Além dos serviços formais da igreja, os primeiros cristãos também desenvolveram várias práticas informais ou "populares". Muitas destas práticas eram bastante **sincréticas** por natureza – ou seja, misturavam elementos de práticas religiosas pagãs com a prática cristã. Podemos encontrar isto, melhor do que em qualquer lado, no desenrolar do culto de santos e mártires. Com as perseguições dos séculos II e III, a história do cristianismo encheu-se com os episódios heróicos dos que voluntariamente morreram pela sua fé. Estas pessoas ficaram a chamar-se **mártires,** um termo que deriva da palavra grega martus, "testemunhar". Tal como os heróis pagãos, os túmulos e sepulturas dos mártires depressa atraíram a devoção popular. Especialmente, eram celebradas festas de aniversário nos túmulos e sepulturas dos mártires locais, e acreditava-se que o contacto com o túmulo de um mártir podia curar e exorcizar demónios.

Como resposta a estas crenças, as Igrejas cristãs começaram a desenvolver uma teologia de maior amplitude que tinha em conta o poder dos mártires. O martírio, afirmavam, era uma demonstração perfeita da fé no poder salvador de Jesus, e por isso os mártires eram recompensados com a entrada imediata no Céu. Os mártires não tinham de esperar, como os cristãos comuns, pela ressurreição geral no fim dos tempos para gozarem da presença de Deus. Por esta razão, acreditava-se que os mártires agiam como mediadores entre Deus e os seres humanos vivos. As orações aos mártires eram consideradas o modo mais eficaz de influenciar a vontade de Deus, e os restos mortais dos mártires, chamados **relíquias,** eram considerados objectos de um enorme poder espiritual.

Ao longo dos séculos, a teologia da mediação dos mártires alargou-se a pessoas que eram vistas como tendo vivido vidas **santas**, mas que não tinham necessariamente morrido como mártires. Consideradas santas (do latim *sanctus*), acreditava-se que estas pessoas, depois de morrerem, tinham os mesmos poderes mediadores dos mártires, e, por isso, os seus túmulos começaram também a atrair a mesma devoção. As relíquias dos santos eram consideradas tão poderosas como as relíquias dos mártires, e o comércio ou roubo destas relíquias ocorriam com frequência. O culto dos santos e mártires tornou-se de tal modo importante na vida da igreja que começou a ser comum a redescoberta de sepulturas de santos e mártires "esquecidos" em vilas e cidades que até então não tinham um túmulo de um santo. Normalmente a localização era revelada através de um sonho ou de uma visão, e, uma vez descobertos, os restos eram levados para um local mais adequado, normalmente um santuário pagão convertido ao uso cristão. Deste modo, muitos dos antigos deuses pagãos locais foram assimilados por santos cristãos.

A visão grega do mundo e a visão hebraica do mundo na apologética cristã

Entretanto, outro tipo de sincretismo, agora mais intencional, ocorria no mundo cristão. Como o cristianismo desenvolvera um elevado perfil, os pensadores cristãos tinham de fornecer ao cristianismo um tipo de legitimidade intelectual semelhante ao da filosofia grega. Estes pensadores cristãos chamavam-se **apologistas**, um título que tem origem numa palavra grega que significa "defesa". Na sua maior parte, o trabalho dos apologistas consistia em reinterpretar a mensagem cristã à luz das assumpções teológicas e cosmológicas do mundo grego, especialmente aquelas que derivavam dos escritos de Platão (c. 427-347 a.C.). Estas reinterpretações resultaram naquilo que se chama neoplatonismo ("novo platonismo"). Mas a tarefa não era tão fácil como parecia e o cristianismo ficaria para sempre mudado por esta tentativa de síntese filosófica.

O cristianismo surgiu num ambiente judeu e a sua primeira filosofia baseava-se nas assumpções da visão hebraica do mundo. As visões do mundo surgem porque a maioria dos seres humanos possui uma necessidade instintiva de conhecer o seu lugar – física e metaforicamente – no cosmos. As visões do mundo não podem ser resumidas numa série de proposições simples, porém, podemos indicar dois dos elementos mais importantes da visão hebraica do mundo. O primeiro elemento é teológico: para os judeus, Deus era habitualmente concebido como absolutamente separado da humanidade. Os seres humanos podem ter sido criados à semelhança de Deus, mas isto não contradiz a transcendência permanente de Deus. O segundo elemento é cosmológico: a criação é boa. Independentemente do mal que nele exista, o mundo material foi e será sempre uma dádiva de Deus e, por conseguinte, é algo de bom para a humanidade. Estas duas ideias formavam a indelével base intelectual do pensamento judeu e cristão. De facto, para os antigos cristãos, a importância do sacrifício de Jesus não consistia apenas no facto de Deus se ter tornado carne e depois ter permitido que a carne fosse morta, mas também no facto de Deus ter sacrificado a sua transcendência – mesmo que por pouco tempo – para o fazer.

Quando o cristianismo entrou no mundo grego, porém, encontrou-se num ambiente filosófico no qual estas duas proposições estavam invertidas. Muitos Gregos acreditavam que os seres humanos tinham uma natureza simultaneamente espiritual e material. A alma humana era espiritual e, por conseguinte, estava directamente ligada de alguma forma à origem transcendente de todas as almas, chamada por alguns "o Uno", e "Deus" por outros. Devido a esta ligação, a alma humana ansiava naturalmente pela reunião com Deus, embora muitas almas se mantivessem ignorantes quanto à verdadeira natureza da sua ansiedade, pois estavam presas num corpo material. Na verdade, para os neoplatónicos, o mundo material era algo do qual se deveria escapar, e eles, por conseguinte, olhavam para o mundo com indiferença ou com uma completa hostilidade. Idealmente, para os neoplatónicos, a vida devia ser passada segundo um completo ascetismo de modo a melhor permitir à alma concentrar-se nos seus esforços místicos para se reunir a Deus.

A visão grega estava muito difundida no mundo antigo, e alguns dos seus conceitos entraram rapidamente no discurso cristão. Paulo, por exemplo, utiliza a linguagem da filosofia grega em algumas das suas cartas dirigidas às igrejas. Além disso, o *Evangelho de S. João,* escrito por volta de 96 d.C., é explícito na sua influência helénica e utiliza um vocabulário técnico neoplatónico. Alguns apologistas cristãos, como Tertuliano (c. 160-225), resistiram a esta influência neoplatónica, ao passo que outros, como Justino Mártir (c. 100-165), lutaram ferozmente para harmonizar as duas visões do mundo num quadro cristão. As duas visões do mundo, porém, eram essencialmente irredutíveis. Por um lado, a interpretação hebraica do cristianismo considerava o reconhecimento do abismo eterno entre o homem e Deus, entre o material e o espiritual, essencial para manter a aliança com Deus; na verdade, a salvação só é possível pelo reconhecimento da transcendência de Deus por meio da sua acção no mundo material. O cristianismo neoplatónico, por outro lado, dissolveu a distância entre Deus e o homem, tornando Deus imanente na alma humana e considerando o mundo material como um perigoso obstáculo.

As duas facetas do cristianismo tinham os seus apoiantes e

rapidamente começaram a surgir movimentos cismáticos. Um destes movimentos, que durante algum tempo competiu com êxito com o cristianismo ortodoxo, foi o gnosticismo cristão. O termo gnosticismo tem origem na palavra grega "gnosis" que significa conhecimento, neste caso um conhecimento especial revelado apenas a alguns. O **gnosticismo** teve provavelmente uma origem anterior ao cristianismo e representava uma fusão de ideias judaicas, persas e gregas. Tal como os neoplatónicos, os gnósticos separavam completamente o mundo material do mundo espiritual. A matéria, afirmavam os gnósticos, era má, e na verdade a criação não era obra de Deus, mas antes de uma divindade menor, o demiurgo. Segundo os gnósticos cristãos, a importância de Jesus traduzia-se no facto de ele trazer um conhecimento secreto **(gnosis),** um conhecimento que poderia libertar a alma humana do mundo material e permitir que ela alcançasse a imortalidade. Mais, de acordo com os gnósticos cristãos, este conhecimento secreto fora transmitido por uma série de mestres gnósticos e só podia ser conferido a uma élite espiritual exclusiva. Os gnósticos afirmavam que Jesus viera não como um sacrifício para toda a humanidade, mas antes para trazer um conhecimento especial para uma élite restrita. De facto, considerando a sua popularidade, talvez a única razão pela qual o gnosticismo cristão não suplantou o cristianismo ortodoxo foi o facto de a sua exclusividade ter impedido o seu crescimento.

Com o decorrer do tempo, a ortodoxia cristã foi obrigada a adoptar uma atitude mais criativa e adequada relativamente à visão grega do mundo. Podemos comprovar este facto na resposta cristã ortodoxa ao aparecimento do **monaquismo.** Os monásticos (ou "monges") eram pessoas que procuravam uma vida cristã mais pura; para isso isolavam-se da sociedade e do mundo carnal para seguirem uma vida de contemplação. Claramente influenciado por uma ética ascética neoplatónica, o monaquismo, a partir do Egipto, onde surgiu no século III d.C., expandiu-se rapidamente para a Palestina e Ásia Menor no século IV. Os cristãos ortodoxos olhavam para o movimento com alguma preocupação, pois os monges rejeitavam sempre a autoridade e práticas da igreja como parte da sua mais ampla rejeição do mundo. Em vez de atacarem esta prática, como o fizeram relativamente ao gnosticismo, as autoridades cristãs ortodoxas procuraram adoptar o movimento. O bispo ortodoxo Atanásio (c. 296-373), por exemplo, escreveu uma biografia de um dos mais famosos antigos monges, **Sto. Antão** (m. 356). Nesta biografia, Sto. Antão, apesar do seu ascetismo, é descrito como rigidamente ortodoxo nas suas crenças. A vida de Sto. Antão forneceu assim um modelo para o monge ortodoxo ideal. Mais tarde, outro bispo, Basílio Magno (c. 330-379), regulamentou a conduta de um monge ortodoxo na comunidade de um **mosteiro.** *O Código de Basílio* salientava um equilíbrio entre uma vida ascética e uma vida de serviço à igreja e à comunidade. Em certos casos, os mosteiros começaram a oferecer serviços médicos e caridade aos pobres, e, mais tarde, tornaram-se centros de estudo e aprendizagem para bispos e missionários do cristianismo ortodoxo.

A fixação do cânone cristão

Entretanto, o conflito entre as mundividências grega e hebraica teve outro impacto importante no desenvolvimento da tradição, pois acabou por conduzir à criação, pelos cristãos ortodoxos, de uma lista fixa (ou **cânone**) de documentos. O debate sobre quais os documentos que deveriam ser lidos pelos cristãos foi uma reacção ao aparecimento, no início do século II, de um movimento cismático cristão chamado marcionismo. Marcião (m. c. 160), era um abastado construtor de navios da Ásia Menor que migrou para Roma para aí se juntar à Igreja cristã. Por volta de 140 d.C., Marcião separou-se dessa igreja e formou a sua própria congregação. A tensão surgiu quando Marcião negou que o Deus da Bíblia hebraica fosse o mesmo Deus dos Evangelhos. O Deus da Bíblia hebraica, afirmava Marcião, era um Deus vingativo, irado, ao passo que o Deus de Jesus era um Deus de luz e amor. Marcião, influenciado pelos gnósticos, associava o Deus da Bíblia hebraica ao Demiurgo e o Deus de Jesus ao Uno platónico. Por conseguinte, Marcião ensinava aos seus seguidores que a Bíblia hebraica devia ser abandonada como texto autorizado, bem como todos os documentos que, na tradição cristã, considerassem assim a Bíblia hebraica. O cânone de Marcião, portanto, incluía apenas o *Evangelho de S. Lucas* e as *Cartas de Paulo,* e mesmo nestes documentos foram cortadas as passagens que, de um modo positivo, mencionavam a Bíblia hebraica.

Para a Igreja ortodoxa isto era inaceitável. Uma das provas do messianismo de Jesus era o facto de a sua vida ser a realização das profecias das Escrituras hebraicas. Era esta continuidade que dava peso à tradição. Assim, parcialmente em resposta a Marcião, a Igreja ortodoxa concluiu que, de uma vez por todas, tinha de decidir quais os livros que passariam a ser regulamentares. Não foi um processo fácil, pois devemos recordar que nesta altura existiam numerosos documentos cristãos, todos eles pretensamente legítimos. Além dos quatro

Evangelhos e do *Actos dos Apóstolos* que hoje conhecemos, existiam outros textos muito lidos: o *Evangelho de S. Tomás,* o *Evangelho da Verdade,* o *Segundo Evangelho de S. Mateus*, o *Actos de Pedro,* o *Actos de João,* etc. A maior parte destes textos tinha influências explicitamente gnósticas e foi liminarmente rejeitada; porém, relativamente a outros textos isto não era sempre tão evidente. Só depois de um debate que se prolongou até 387 é que o cânone cristão foi finalmente fixado. Este consistia não só no *Antigo Testamento* (a Bíblia hebraica), mas também em outros vinte e sete livros e cartas que formavam o *Novo Testamento*. O *Novo Testamento* continha os Evangelhos sinópticos (Marcos, Mateus e Lucas), o *Actos dos Apóstolos,* de Lucas, as *Cartas de Paulo* e cartas seleccionadas de outros missionários. No princípio, a grande ênfase neoplatónica dada no Evangelho de S. João tornou este livro suspeito, mas o livro acabou por ser aceite pelos ortodoxos, assim como o foi o *Apocalipse* de João, um livro de profecias acerca da segunda vinda de Jesus.

No espaço de algumas décadas após a morte de Jesus, o cristianismo tornara-se uma verdadeira tradição religiosa internacional e, como vimos, a pluralidade de cristianismos reflectia a diversidade cultural do Império Romano na Antiguidade recente. Tanto a nível popular como a nível elitista, o sincretismo era geral e constituía uma parte natural da tradição que se ia desenvolvendo. Por outro lado, vimos também que face a esta diversidade surgiu um forte desejo de unificação e homogeneização da tradição. A fixação do cânone, a adopção do monaquismo e a restrição do papel da mulher foram só alguns dos meios utilizados para se criar uma única tradição ortodoxa. No próximo capítulo, falaremos do desenvolvimento de um instrumento ainda mais poderoso para a defesa dos limites da ortodoxia contra a concorrência de outras formas de cristianismo. Trata-se do conceito religioso e político de cristandade.

O conceito de cristandade: o cristianismo da Antiguidade à Idade Média 3

Introdução

Em 14 de Junho de 1964, o Papa Paulo VI deslocou-se a Jerusalém para se encontrar com o Patriarca de Constantinopla, Atenágoras I. O encontro entre os chefes da Igreja católico-romana e da Igreja cristã ortodoxa foi um acontecimento de grande importância. Durante mais de mil anos, estas duas facções do cristianismo mantiveram uma separação hostil e entre si havia muito pouca comunicação oficial. Nesse dia em Jerusalém, contudo, pela primeira vez na era moderna, os dois chefes consentiram em estabelecer um diálogo formal sobre a possibilidade da reunião destas duas facções da igreja. Pouco tempo depois institui-se uma comissão ortodoxa-católica para o diálogo, e, desde então, a comissão esteve envolvida em vivos debates, embora os progressos para a união se mostrassem lentos e repletos de obstáculos.

O encontro de 1964 entre o Papa e o Patriarca assinalou a mais recente manifestação de um desejo que atravessou toda a história do cristianismo, ou mesmo de todas as tradições religiosas do resto do mundo: o desejo de unidade. A busca humana da ordem pressupõe na esfera religiosa uma "ortodoxia" (crença correcta) e uma "ortopraxia" (prática correcta), e os seres humanos procuram naturalmente conservar esta ordem por meio de uma unidade institucional, entre outros meios. A longo prazo, como é evidente, a diversidade prevalece, já que o desenvolvimento contínuo e a interacção dinâmica entre a imaginação humana, mundividência, poder político e organização socioeconómica conduzirão necessariamente a alterações e a divisões. No entanto, a esperança em relação a uma unidade religiosa continuará sempre fortemente presente.

No cristianismo, o sonho de uma unidade global é especialmente forte. Isto deve-se a várias razões, certamente, mas uma das mais importantes pode ser um factor histórico. No final da Antiguidade – ao qual podemos chamar o seu período formativo de desenvolvimento , o cristianismo tornou-se a religião oficial do Império Romano. Enquanto tal, todo o peso político do Império pendeu para a busca da unidade cristã, uma busca que, até essa altura, só se realizava a nível local. É óbvio que, historicamente, essa unidade no Império nunca foi conseguida pelo Estado romano, mas, durante este período, pensava-se que ela seria alcançada. A esta ideia chama-se a ideologia da cristandade. Durante séculos, conservou-se a antiga ideia romana de que os cristãos, por toda a parte, deveriam unir-se num Estado global. Como veremos neste e no próximo capítulo, a ideologia da cristandade mostrou-se incrivelmente tenaz. No entanto, como também veremos, apesar de todos os esforços em contrário, a tendência natural da tradição era para a diversificação, não para a unidade.

A romanização do cristianismo

Os primeiros missionários cristãos procuravam converter principalmente as populações urbanas, e este facto influenciou fortemente a subsequente "romanização" da igreja. De facto, os missionários, como Paulo, procuravam as capitais regionais das províncias romanas. Quando aí se instituíam congregações, o bispo da capital provincial enviava diáconos para as povoações vizinhas de forma a organizarem congregações locais. As congregações rurais elegiam então os seus próprios presbíteros, embora estas eleições estivessem sempre sujeitas à ratificação pelo bispo. Deste modo, o bispo não só controlava a sua própria congregação como também se tornava o centro de todas as congregações das povoações em redor da capital provincial. Em pouco tempo, estabeleceu-se um compromisso de facto entre os bispos segundo o qual estes respeitariam as fronteiras civis romanas como fronteiras do seu controlo. Na parte oriental do Império Romano, esta unidade territorial chamava-se diocese (em grego, "província"), e assim a unidade territorial que correspondia a um bispo era uma diocese. Igualmente, a palavra grega para redondeza, ou seja, a área em redor de uma povoação, era paroikia; dela derivou a palavra "paróquia".

Algumas das maiores cidades do Império Romano, devido ao número da sua população e à sua importância política e económica, eram reconhecidas como as principais cidades na região onde se localizavam: Antioquia era uma destas cidades; Éfeso era outra; Alexandria uma terceira. Roma, certamente, como capital do Império, era também uma destas cidades. Os bispos destas cidades começaram a exercer influência sobre outros bispos na sua área, oferecendo conselhos e mediando disputas entre eles. Remontando ao passado bíblico, os bispos do Oriente ficaram a chamar-se patriarcas, retirando o nome dos patriarcas bíblicos. Em Roma, no entanto, este "superbispo" veio a ser conhecido como o papa, que tem origem na palavra latina pater ("pai").

Os papas em Roma eram especialmente activos a estender a sua autoridade sobre os outros bispos. A congregação de Roma havia sido fundada no princípio do século I, pouco depois da fundação da Igreja de Jerusalém. Durante anos, Roma teve uma sucessão de bispos que não só aumentaram a dimensão da congregação, como também conseguiram convencer muitos Romanos, membros das classes altas, a aderirem e a doarem voluntariamente dinheiro e propriedades à igreja. O bispado de Roma mantinha também uma vigorosa campanha missionária no centro de Itália e, no século II, tinha dúzias, se não mesmo centenas, de congregações a si ligadas. De um modo talvez inevitável, devido à sua forte posição em Roma, os bispos desta cidade começaram a reivindicar jurisdição sobre disputas entre bispos, não só nas suas áreas mais próximas como também em todo o Império. Além disso, o bispado de Roma iniciou também um programa ambicioso de auxílio financeiro às congregações de todo o Império. Considerando a enorme riqueza de alguns membros da congregação de Roma, os bispos desta cidade podiam dar-se ao luxo de fazer isto durante longos períodos de tempo. Por fim, os bispos de Roma afirmaram que o seu destino especial era trabalhar para unir todas as congregações separadas numa única igreja unificada ou católica ("universal"em latim). Não será necessário dizer que os patriarcas do Oriente não aceitaram de bom grado esta usurpação da sua autoridade, continuando assim a dirigir os seus rebanhos com bastante independência. Surgiram então tensões entre o papado de Roma e o patriarcado do Oriente.

A conversão de Constantino e a criação da cristandade

Podemos apenas especular acerca de como terminaria a luta de poder entre o papa em Roma e os patriarcas do Oriente, pois antes destas tensões chegarem a extremar-se outro acontecimento alterou consideravelmente a expansão do cristianismo. No ano 312, um general romano chamado Constantino (306-37) lutava pelo controlo do Império Romano. Constantino derrotou, fora de Roma, o exército de um dos seus inimigos, Maxêncio. Segundo a lenda, durante a noite anterior à batalha, Constantino, cuja mãe, Helena, era cristã, sonhara que um anjo lhe prenunciava a vitória se ele colocasse o monograma grego de Cristo nos escudos dos seus soldados. Constantino seguiu este conselho e ganhou a batalha e o Império.

Isto é apenas uma lenda, repete-se. Constantino, ao que parece, nunca foi baptizado. No entanto, sabemos que após consolidar o seu poder, Constantino assinou o Edicto de Milão em 313, colocando oficialmente um ponto final na perseguição aos cristãos no Império. E, em 324, quando se tornou o único imperador, tornou o cristianismo numa religião legalmente reconhecida no Império. Constantino começou também a ter um interesse activo na divulgação do cristianismo. Doou grandes somas de dinheiro para a construção de magnificentes igrejas em Roma e, mais tarde, na sua nova capital na Ásia Menor, Constantinopla. Constantino também se esforçou por recuperar Jerusalém do esquecimento, construindo a primitiva igreja do Santo Sepulcro.

Constantino pretendia desempenhar um papel mais activo no governo da igreja. Na verdade, o seu objectivo confesso era unificar todas as congregações do Império numa organização com um único centro administrativo. Porém, um dos obstáculos a este plano ambicioso era o facto de não existir um conjunto uniforme de doutrinas cristãs aceite por todas as congregações. Assim, quando eclodiu, em 324, uma importante controvérsia teológica, o imperador aproveitou esta oportunidade para juntar todos os bispos do Império num concílio com o fim de se elaborar uma declaração doutrinal uniforme ou credo que seria imposta a todos os cristãos. Este foi o primeiro Concílio Ecuménico, realizado em Niceia, na Ásia Menor. "Ecuménico" é a palavra grega para "universal", e este termo foi aplicado ao Concílio porque se esperava que nele participariam todos os bispos do Império. Afinal, o Concílio contou com uma participação maioritária de bispos do Oriente, embora os seus resultados tivessem consequências em todo o Império.

A disputa teológica específica que ocupou o Concílio referia-se à divindade de Jesus. Desde a sua primeira identificação como o Messias, a natureza divina de Jesus nunca tinha sido posta em causa pela maioria dos cristãos. A natureza exacta da sua divindade, porém, nunca havia sido determinada. Nos anos anteriores a 325, um sacerdote chamado

Ario (c. 250-336), de Alexandria, começou a ensinar que Jesus não era um ser eterno, mas que, em alguma altura, Deus o havia criado. Esta posição tornava Jesus divino, mas era uma divindade menor que a de Deus. O bispo de Ario, Alexandre (m. 328), discordava: Jesus era Deus e existia desde sempre. Ario tinha um enorme apoio entre vários sectores das igrejas, e a controvérsia ameaçou dividir a igreja.

Foi nesta altura que Constantino entrou em cena e mandou reunir o Concílio em Niceia. Aí, Constantino assistiu a um violento debate entre defensores das posições de Ario e defensores de Alexandre, mas no final acabou por ganhar o partido de Alexandre. A relação entre Jesus e Deus foi definida como *homoousios,* significando que Jesus e Deus eram seres co-iguais "de uma mesma substância". De facto, o Concílio alargou esta posição para incluir a equivalência do **Espírito Santo,** criando uma deidade tripartida, conhecida no Ocidente como a **Trindade.** O resultado concreto do Concílio de Niceia traduziu-se na formulação de um credo que venerava esta doutrina trinitária e que excluía especificamente o arianismo.

Finalmente, seriam precisos mais três concílios para que o credo de Niceia tomasse a sua forma final. Mas Constantino estava contente com os resultados, e a unificação da igreja parecia agora uma possibilidade exequível. Igualmente importante foi o facto de o imperador ser reconhecido como o eixo em redor do qual girava agora a igreja: Igreja e Estado tinham-se tornado, como muita gente pensava, um todo unificado. Mas estas ideias eram, certamente, imprecisas. O cristianismo teria de esperar até 384 por um imperador que instituísse a religião cristã como religião oficial do Estado de Roma. Além disso, o sucessor imediato de Constantino, o seu filho Constâncio, era um ariano, e o sucessor de Constâncio tentou mesmo reanimar o paganismo, pelo que o Império caminhou rapidamente para o caos religioso. No entanto, a ideia de cristandade – um Estado cristão unificado – tinha germinado, e nem a espectacular desintegração do Império Romano nos séculos IV e V a conseguiu destruir.

A evolução do ano litúrgico

Como o cristianismo se tornou a religião maioritária em muitas áreas do Império Romano, o calendário anual acabou por ser adaptado ao propósito cristão. No período transitório entre a Antiguidade e a Idade Média desenvolveu-se um complexo ano litúrgico cristão que se dividia em seis festas principais: Natal, dia de Reis, Sexta-feira Santa,

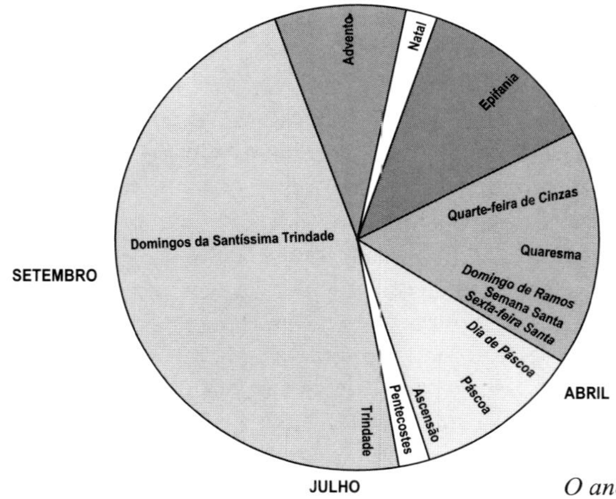

O ano da Igreja

Páscoa, Ascensão e Pentecostes. As primeiras destas cinco festas são comemorações de eventos da vida de Jesus. O Natal celebra o nascimento de Jesus; o dia de Reis (Epifania), o baptismo de Jesus (na Igreja ortodoxa do Oriente) ou a adoração dos reis Magos (na Igreja latina ocidental); Sexta-feira Santa, a morte de Jesus; o Domingo de Páscoa celebra a ressurreição de Jesus; e a Ascensão celebra a ascensão de Jesus ao Céu. Por fim, o Pentecostes é a celebração do aparecimento do **Espírito Santo** aos primeiros cristãos em Jerusalém, um acontecimento que assinala tradicionalmente a fundação da primeira Igreja cristã.

Os pormenores da evolução desta estrutura não são claros e constituem ainda assunto de controvérsia entre os estudiosos. De facto, parece que as práticas variavam bastante de um lugar para o outro nas primeiras Igrejas cristãs, embora tenha surgido uma estrutura mais ou menos uniforme do ano cristão por volta do século IV. Quatro destas seis festas têm origem nas raízes judaicas do cristianismo; a Sexta-feira Santa e a Páscoa, que coincidiam com a celebração da Páscoa dos Judeus, e o Pentecostes e Ascensão, que coincidiam com a festa judaica do Shavuot. As festas judaicas são festas móveis, ou seja, têm várias datas, consoante o ano, e são calculadas por meio da primeira Lua cheia após o equinócio da Primavera. Este facto conduziu a fortes desacordos no interior da igreja. Uma vez que as duas metades do Império usavam calendários diferentes, não havia um acordo relativamente à data exacta da Páscoa – uma controvérsia que se tornaria um símbolo das crescentes diferenças entre o Ocidente latino e o Oriente grego. O Natal e o dia de Reis, por outro lado, surgiram independentes da tradição judaica e tinham datas fixas, 25 de Dezembro e 6 de Janeiro, respectivamente.

A vontade de estruturar estas festas num ano cristão uniforme parece ter vindo de Jerusalém, que, após o século IV, se tornara um local muito importante de peregrinação. Uma das inovações mais significativas na liturgia de Jerusalém foi o alargamento da celebração da Páscoa para uma Semana Santa, incluindo-se assim o Domingo de Ramos (a entrada de Jesus em Jerusalém) e a Quinta-feira da Paixão (a Última Ceia). Os peregrinos que regressavam de Jerusalém relatavam às suas comunidades aquilo que aí tinham visto e feito. Como Jerusalém era a verdadeira cidade da vida, morte e ressurreição de Jesus, as suas práticas litúrgicas – como a Semana Santa – exerciam normalmente uma grande influência sobre o mundo cristão.

Com a instituição do cristianismo, outros rituais da igreja também sofreram alterações importantes. Desde que a condição de membro da Igreja cristã se aplicava agora à cidadania romana, a prática do baptismo das crianças tornou-se comum. O baptismo acabou por simbolizar não só a condição de membro da igreja mas também a de membro da sociedade romana. A instrução religiosa ainda era administrada quando uma criança atingia a idade da razão, mas agora o seu catecumenato prolongava-se da infância até à puberdade e terminava com um novo ritual – a confirmação. O baptismo tornava um indivíduo membro da igreja, mas só após a confirmação é que alguém podia tomar o pão e o vinho da Eucaristia.

O início da Idade Média

O saque de Roma levado a cabo pelos exércitos das tribos do Norte, em 410, privou o imperador de Constantinopla de controlar a parte ocidental do seu Império. Décadas antes deste acontecimento, porém, as partes ocidental e oriental do Império tinham-se separado. A geografia dificultava o governo do Império a partir de uma capital central, e o facto de o Ocidente latino e o Oriente grego serem culturalmente distintos ainda agravou o problema. O cristianismo não estava imune às tendências centrífugas desta divisão. Os patriarcas de Constantinopla, Alexandria, Antioquia e Jerusalém conservavam zelosamente a sua independência e nunca tinham realmente aceite o primado de Roma. Além disso, apesar dos concílios ecuménicos terem sido obrigados a reconhecer Roma como a Igreja primaz, o facto de, desde 325, os imperadores romanos residirem em Constantinopla tornava a subordinação das igrejas a Roma uma ficção. Acrescente-se ainda que existiam questões teológicas que dividiam o Ocidente do Oriente. Muitos cristãos ocidentais não aceitavam a ideia de que Jesus partilhava a mesma substância com Deus *(homoousios)* e assim inseriram um "iota" na palavra mudando-a para "de substância semelhante" (homoiousios). Por mais trivial que possa parecer, esta questão tornou--se essencial entre os bispos de Roma e os bispos do Oriente. Com a queda de Roma, as diferenças religiosas atingiram um ponto crítico, e os bispos orientais reconheceram universalmente o primado do patriarca de Constantinopla. É a partir deste ponto que se pode falar de dois ramos distintos do cristianismo: o catolicismo romano concentrado no papa em Roma, e a ortodoxia oriental concentrada no patriarca de Constantinopla (actual Istambul).

No Império oriental, agora chamado Império Bizantino, o cargo de imperador manter-se-ia até ao século XV. Ao longo dos séculos, os imperadores continuariam a ser efectivamente os chefes da Igreja ortodoxa, muitas vezes convocando concílios e interferindo nos assuntos religiosos. Em certo sentido, o sonho de Constantino realizou-se na medida em que a Igreja bizantina se confundia com o Estado. Este facto, porém, não evitou a divisão no interior do mundo ortodoxo. Durante os séculos V e VI, por razões políticas e teológicas, as Igrejas etíope, arménia, síria e nestoriana romperam com Constantinopla, como o tinham feito os cristão coptas do Egipto. Estes cismas acompanhavam o crescimento do Islão no final do século VII. No espaço de um século, os exércitos muçulmanos tinham conquistado a maior parte dos antigos territórios cristãos, desde o norte de África até à Ásia Menor. Em certos casos, a conquista muçulmana foi facilitada por cristãos interessados em acabar com o controlo de Constantinopla. Espantosamente, porém, o Império Bizantino conseguiu travar o avanço islâmico durante quase sete séculos, até à entrega de Constantinopla aos Turcos muçulmanos em 1453.

A Igreja ortodoxa russa

Parte das perdas da Igreja bizantina para o Islão foi compensada durante a Idade Média pelos ganhos missionários a Norte, nas estepes russas, e a Oeste, nos países balcânicos. Os pioneiros das missões aos povos eslavos foram Cirilo (826-69) e Metódio (c. 815-85) que, juntos, tranformaram a língua eslava em língua escrita (o alfabeto cirílico).

Durante o princípio do século IX, os Búlgaros e os Sérvios aceitaram a religião de Constantinopla. Na década de 860, os Russos foram convertidos ao cristianismo ortodoxo e passaram a ter um bispo bizantino residente em Kiev. Um século depois, o cristianismo ortodoxo tornou-se a religião oficial do Estado russo. Mais tarde, quando o centro político russo se deslocou de Kiev para Moscovo, o centro religioso seguiu o mesmo caminho; a chefia da Igreja russa reside em Moscovo desde 1328.

Gradualmente, todas as Igrejas eslavas, excepto a russa, caíram sob o domínio islâmico. Foi nesta altura que o bispo de Moscovo se assumiu como patriarca, em 1589. Com Constantinopla vencida, Moscovo seria agora a terceira Roma e centro de toda a cristandade. Este facto, curiosamente, quase dividia a Igreja russa em duas facções, cada uma afirmando que representava a unidade da cristandade. Tal como os imperadores bizantinos, o czar russo (uma corrupção da palavra latina *César)* pretendia aumentar a subordinação da Igreja russa ao Estado. O patriarca de Moscovo, Nikon (1605-81), por outro lado, procurava contrariar esta tendência afirmando o poder moral da Igreja sobre o Estado. Além disso, Nikon esperava também que a Igreja russa viesse a controlar a totalidade da Igreja ortodoxa oriental, e com este fim o patriarca alterou substancialmente a liturgia russa para a adequar à prática grega mais corrente. Nestes intentos, Nikon sofreu a oposição não só do czar, mas também dos conservadores da sua própria igreja que consideravam a adulteração da liturgia russa um acto sacrílego. Por fim, conservaram-se as alterações litúrgicas de Nikon, e um pequeno mas forte grupo de velhos crentes rompeu com a igreja. O próprio Nikon, entretanto, foi deposto e a influência do Estado sobre a Igreja russa cresceu nas décadas seguintes. Finalmente, em 1721, o czar Pedro, o Grande, aboliu o patriarcado de Moscovo e transformou a Igreja russa num sector dentro da burocracia do Estado.

A Idade Média no Ocidente

Uma situação semelhante, opondo reis e patriarcas, aconteceu durante a Idade Média europeia, embora aqui as circunstâncias tenham favorecido largamente os papas de Roma em detrimento dos reis. A queda do Império Romano do Ocidente deixou um vazio de poder que apenas o papado estava em posição de preencher. Com o colapso do sistema civil romano, a vida na Europa tornou-se mais local e rural, com a rivalidade entre tribos locais a impedir a consolidação de um poder a nível regional. O papado, por outro lado, mantinha uma hierarquia de poder muito bem definida que irradiava de Roma para os bispos das regiões circundantes. Roma empreendeu também um grande esforço missionário nas Ilhas Britânicas e no norte da Europa, trazendo para a órbita católica povos que até então eram pagãos. Roma, portanto, podia exercer a sua influência sobre extensas zonas da Europa, enquanto que as autoridades civis não o podiam. Além disso, a Igreja católico-romana era também um dos maiores proprietários de terras na Europa.

O nível máximo do poder papal ocorreu no século XIII. Durante este período, surgiram fortes chefes políticos na França, Alemanha e Inglaterra, mas o papado conseguiu controlá-los. De facto, por um breve período, durante o reinado do papa Inocêncio III (1160-1216), a Europa unificou-se sob o controlo papal, e perto do final do século, o papa Bonifácio VIII (c.1234-1303) anunciou na bula (documento papal oficial) *Unam Sanctam* que todos os poderes temporais deveriam sujeitar-se ao papa. Embora parecesse que se estaria perto de uma cristandade unida, esta unidade não se conservaria por muito tempo. No final do século XIII, a viragem gradual na Europa de uma economia baseada na terra para uma economia baseada no dinheiro tinha colocado o papado numa posição financeira cada vez mais difícil. Ao mesmo tempo, o aparecimento de sentimentos nacionalistas era um obstáculo ao controlo central. Este aspecto foi um factor especialmente importante para o declínio papal durante o século XIV. Quando o papa tentou interferir na longa guerra que se travava entre os Ingleses e os Franceses, que se chamaria a Guerra dos Cem Anos, os soberanos destas duas nações responderam atacando a igreja e o clero considerando-os agentes estrangeiros. Por fim, esta forte rivalidade dividiu o papado, sendo eleitos simultaneamente dois papas, um leal a Inglaterra e o outro a França. Embora o "Grande Cisma do Ocidente" (1309-77) tenha depois sido resolvido, após este incidente o papado perdeu para sempre o seu primado político na Europa.

Catedrais e universidades

Ao mesmo tempo que a fortuna do papado crescia e diminuia, durante a segunda metade da Idade Média, a própria Europa sofria uma transformação surpreendente. As economias regionais cresciam, o comércio expandia-se e as cidades eram novamente uma característica comum da paisagem europeia. Surgiu então uma brilhante cultura urbana na qual as artes e ciências começaram a florescer a uma velocidade até

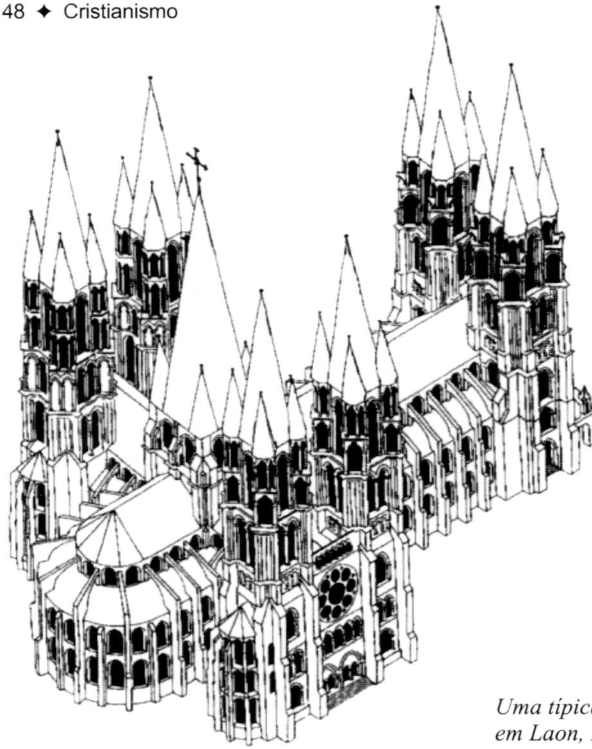

Uma típica catedral gótica, em Laon, França.

aí nunca vista. Neste período, o símbolo desta transformação foi talvez o aparecimento não só das grandes catedrais góticas, mas também de uma nova instituição de ensino, a universidade.

Uma catedral é simplesmente a igreja de um bispo e, enquanto tal, o seu nome simboliza o seu cargo, a *cátedra* ou a cadeira do bispo. As catedrais, portanto, existem desde os tempos cristãos romanos. Porém, no início do século XII, combinaram-se técnicas de engenharia inovadoras com um novo vocabulário arquitectónico para se criar um estilo de construção completamente novo para as catedrais. Originário do norte da Europa, terra natal dos Godos da Antiguidade, este novo estilo veio a ser conhecido por "gótico". Comparada com o sua antecessora, a igreja gótica era mais alta, maior e mais ornamentada. Os arcos ogivais substituíram os arcos curvos, e as paredes eram projectadas para nelas serem aplicadas séries de enormes janelas com vitrais que banhavam o novo edifício de uma brilhante luz colorida. Com o tempo, cidades como Paris, Chartres e Amiens começaram a competir entre si pela construção da catedral gótica mais alta e mais grandiosa. Construídas por um exército de operários especializados e levando anos, se não mesmo décadas, a serem construídas, as catedrais góticas eram assim expressões não só da piedade cristã, mas também de um crescente orgulho cívico.

As grandes catedrais representavam coisas diferentes para pessoas diferentes. Para o europeu comum, elas deviam parecer a entrada para outro mundo. Provavelmente vindo do campo, este visitante devia ficar impressionado com a imensidão do edifício, com o seu espaço vertical despertando, talvez, emoções de reverência e de espanto. A própria alvenaria, como que tocando o céu e pouco apoiada, devia parecer a verdadeira definição de um milagre. Além da reacção emocional, porém, a catedral gótica fornecia também ao europeu comum um estímulo intelectual. Quase todos os espaços da catedral estavam decorados, tanto no interior como no exterior. Para qualquer lado que uma pessoa se virasse, veria um mural pintado, um painel, uma escultura ou um vitral ilustrando episódios e símbolos bíblicos ou, em certos casos, representações visuais de doutrinas da igreja. De facto, a maioria das catedrais góticas era concebida especialmente para ser a "Bíblia dos pobres". Os construtores das catedrais desenhavam cuidadosamente estes motivos e símbolos cristãos que eram imediatamente reconhecidos por qualquer pessoa, independentemente da sua classe social ou educação. Assim, pobres e analfabetos, os europeus médios deste período podiam "ler" as catedrais góticas, e deste modo não só a sua devoção à fé cristã crescia, como também adquiriam uma maior compreensão dessa mesma fé.

Se as grandes catedrais da Europa foram importantes para o desenvolvimento da religião popular, foram igualmente importantes para o desenvolvimento de algumas das formas mais elitistas do cristianismo no Ocidente. Foi das grandes catedrais da Europa, por exemplo, que surgiram as primeiras universidades. Durante a baixa Idade Média, o ensino superior institucionalizado concentrava-se nos mosteiros rurais. Com o crescimento das cidades, porém, as escolas das catedrais tornaram-se alternativas correntes, pois eram mais acessíveis às élites urbanas. Tal como as escolas dos mosteiros, as escolas das catedrais ofereceriam um currículo baseado nas sete artes liberais da Antiguidade Clássica: gramática, lógica, retórica, aritmética, geometria, astronomia e música. Nestas cidades que tinham várias escolas de catedral, professores e estudantes associavam-se para salvaguardarem os seus direitos e privilégios. A associação de "ensino" que daqui resultou chamou-se *universitas.* Na maioria das cidades, a *universitas* permaneceu muito ligada às escolas das catedrais, mas nas maiores cidades europeias, como Paris e Bolonha, as autoridades locais acabaram por tornar a *universitas* numa instituição independente, com os seus próprios recursos e edifícios. Estas universidades independentes continuaram a ensinar as sete artes liberais tradicionais, mas depressa alargaram o seu currículo para incluírem estudos superiores em direito, medicina e teologia. Estas foram as precursoras da moderna universidade ocidental.

As novas universidades impulsionaram a Europa para maiores níveis de sofisticação e vigor intelectual, e destas instituições de ensino superior saiu uma pletora de sistemas filosóficos e teológicos. O mais influente destes sistemas foi a **escolástica.** Os teólogos escolásticos estavam principalmente interessados em conciliar a razão com a fé e investigar os limites de ambas. Desde o século XII, as questões acerca da relação da razão com a fé tornaram-se mais prementes, pois foi durante esta época que as obras do antigo filósofo grego Aristóteles (384-322 a.C.) se tornaram pela primeira vez acessíveis na Europa. Ao contrário de Platão, seu mestre, Aristóteles afirmava que o conhecimento das coisas espirituais podia ser obtido com segurança por via da razão. Por conseguinte, a Revelação era relativamente pouco importante, pois, segundo Aristóteles, o intelecto humano podia, por indução, conduzir o pensamento do mundo material para a realidade de Deus. A reputação de Aristóteles era de tal modo grande que o seu racionalismo não podia ser facilmente ignorado. Assim, grandes teólogos escolásticos como Anselmo de Cantuária (1033-1109) e Pedro Lombardo (c. 1100--60) passaram as suas vidas a debruçar-se sobre as implicações da filosofia de Aristóteles.

De todos os escolásticos desta época, Tomás de Aquino (1224-74) foi quem criou a síntese mais equilibrada – e influente – entre a fé e a razão. Em obras como a *Summa Contra Gentiles* e a *Summa Theologica* (uma obra que alguns comparavam a uma catedral gótica pela sua imensidão e complexidade), Aquino procurava mostrar que se a Revelação estava efectivamente acima da razão humana, a razão, porém, podia complementar a Revelação provando a sua verdade. Ao fazê-lo, a razão podia aprofundar a nossa compreensão das doutrinas salvíficas da fé, embora a razão por si mesma não possa aceder a essas doutrinas, como ensinava Aristóteles. Embora a poderosa síntese "tomista" tenha sido proclamada como a teologia oficial da Igreja católico-romana no século XIX, foi pouco influente nos debates escolásticos da altura. Alguns teólogos, como Duns Escoto (c.1265--1308) e Guilherme de Ockham (c.1285-1347), atacaram a síntese tomista, argumentando que ela dava demasiado valor à razão humana. Previsivelmente, outros atacaram-na por razões opostas, e, por vezes, teólogos de todos os campos chegavam a limites absurdos para provarem as suas teses. No entanto, apesar dos seus excessos, os debates escolásticos desta época anteciparam muitos dos debates sobre a razão e a Revelação que continuaram a perturbar o cristianismo ocidental até aos nossos dias.

Evolução das práticas religiosas no Ocidente medieval

Durante a Idade Média fizeram-se grandes alterações na doutrina e nos rituais católico-romanos. Para muitos fiéis deste período, o baptismo e a eucaristia representavam algo mais do que uma mera celebração. Tornaram-se *sacramentos,* actos físicos que, segundo os crentes, conduziam a uma comunicação directa e imediata com a graça divina. Esta atitude, chamada sacramentalista no Ocidente, assumia que certos rituais conferiam a graça só por serem realizados. O problema com esta definição consistia no facto de não existir um acordo sobre quais os rituais que eram sacramentais e os que eram apenas simbólicos. No século XII, cerca de trinta sacramentos eram ainda reconhecidos pela Igreja católico-romana. Mais para o final desse século, porém, Pedro Lombardo reduziu aquele número para sete, estabelecendo assim um paralelo com o ciclo da vida: baptismo, confirmação, eucaristia, penitência, matrimónio, ordenação e *extrema unção* (unção dos moribundos). Por fim, os sete sacramentos foram aceites como ortodoxos pelos concílios da igreja e mantêm-se até agora determinantes para o catolicismo romano.

A evolução do sacramento da penitência teve efeitos especialmente importantes na espiritualidade do Ocidente. A penitência é o sacramento do perdão para os pecados que se cometeram depois de se ser baptizado. Antes da introdução da penitência, o pecado pós-baptismal era motivo de *excomunhão,* ou seja, o indivíduo passava a estar impedido de participar na eucaristia. Com o tempo, porém, desenvolveram-se mecanismos pelos quais um pecador podia reconciliar-se com a igreja através de um acto de contrição, normalmente a confissão dos seus pecados. No Ocidente, este acto tinha uma forma legal, sendo a penitência uma espécie de "troca compensatória" entre o pecador e a parte injuriada, Deus. Entre os séculos IV e VI, o ritual da penitência foi devidamente formalizado na Igreja católico-romana, com a instituição de confissões semanais e, mais tarde, de duas quadras para a penitência pública: o Advento (o período antes do Natal) e a Quaresma (o período

ARTE EM FOCO

Ícones

Virgem de Vladimir, *ícone do início do século XII, Galeria Nacional Tretyakov, Moscovo.*

A veneração de **ícones** é uma prática extremamente antiga na ortodoxia oriental. Os cristãos antigos acreditavam que as imagens de Jesus e Maria, anjos, santos e mártires tinham poderes especiais de intercedimento e protecção. Normalmente, os ícones eram criados em mosaicos coloridos ou em painéis de madeira pintada, sempre com materiais abençoados por um sacerdote. No século VIII, a veneração de ícones tornou-se de tal modo forte entre os cristãos orientais, que o imperador bizantino Leão III, receando pela idolatria, lançou um forte ataque contra esta prática,. Este facto polarizou o cristianismo oriental em dois campos: os iconoclastas (aqueles que rejeitavam os ícones) e os iconódulos (aqueles que os aceitavam). No final prevaleceram os iconódulos, que afirmavam que a rejeição de ícones era a rejeição da incarnação do próprio Jesus, uma vez que ambos eram cópias materiais de seres espirituais. Desde este período, todas as igrejas possuíam ícones, e estes continuam a ser muito populares como auxiliares no culto doméstico.

Reformas no Ocidente 4

Introdução

Se o sonho de uma cristandade ocidental unida em redor de um papado quase se tornou uma realidade política na Idade Média, nunca foi uma realidade religiosa. Apesar do facto de alguns historiadores da igreja terem romanceado a Idade Média europeia como a "era da fé", a Europa, neste período, nunca esteve religiosamente unida. Além da grande população judaica e depois muçulmana, o papado teve também de lidar com o facto de existirem vários cristianismos na Europa. Quando o papado começou a estender o seu poder através de missões ao Norte, durante os séculos V e VI, os missionários tiveram de enfrentar não só o paganismo indígena, mas também o cristianismo ariano. Muitos dos povos germânicos tinham sido convertidos, há décadas atrás, ao cristianismo ariano por missionários do Oriente, e foram necessárias décadas para que consentissem em ser convertidos ao catolicismo romano. O cristianismo ariano desapareceu da Europa só em meados do século XVII.

Mas novas ameaças espreitavam o cristianismo católico. No século X, surgiu na Bulgária um movimento baseado nos ensinamentos de um sacerdote cristão chamado Bogomil. Embora exibindo uma nova mitologia, a teologia de Bogomil era bastante semelhante à dos cristãos gnósticos da Antiguidade. Rigidamente dualista, Bogomil ensinava que o mundo fora criado por um demiurgo maléfico e que Jesus fora enviado por Deus para resgatar os seres humanos dos abismos do ser material. O pensamento de Bogomil parece ter influenciado profundamente o movimento cristão chamado cátaro ("o puro") ou albigense, que nasceu no sul de França durante o século XII. Esta nova forma de gnosticismo tornou-se tão poderosa e os seus aderentes tão numerosos que o papado acabou por lhe declarar uma guerra santa que resultaria num massacre maciço. A tradição dos cátaros tornou-se clandestina e acabou por desaparecer.

Movimentos reformistas religiosos na Europa

Nem todas as ameaças religiosas à unidade cristã vinham de fora da Europa: algumas, como a valdense, surgiam mesmo no seu interior. Inspirados pela pregação de um leigo, Pedro Valdo (m. 1218), os valdenses pretendiam reformar a igreja, e os seus ensinamentos a este respeito caracterizavam-se por uma leitura literal do *Novo Testamento*. Baseados nesses ensinamentos, afirmavam que os únicos sacramentos legítimos eram o baptismo e a eucaristia, e tentavam conduzir as suas vidas segundo os preceitos do pacifismo e da pobreza, como Jesus o fizera. Em breve, os valdenses possuíam já congregações por todo o norte de Itália, em partes da Suíça e na Alemanha. Pedro Valdo queria que o papa reconhecesse oficialmente o seu movimento, mas a pregação de Valdo foi considerada demasiado radical e as suas petições foram negadas. Apesar de perseguidos, os valdenses mantiveram-se vivos e ainda sobrevivem actualmente como grupo cristão autónomo.

Durante este período, existiram muitos movimentos reformistas religiosos, e nem todos foram perseguidos. De facto, alguns movimentos foram aceites pela Igreja católico-romana e incorporados no seu seio. Cansados do isolamento da vida monástica, muitos monges, durante os séculos XII e XIII, abandonaram os seus mosteiros para prestar serviços na sociedade. Chamados frades (do latino *frater,* irmão), estes monges procuravam uma vida que aliasse o ensino e a pregação no mundo à observância de regras monásticas modificadas. Com o tempo, novas ordens monásticas aderiram a estas novas regras. Dois destes grupos, que surgiram quase ao mesmo tempo no século XIII, foram as Ordens Franciscana e Dominicana. Baseada nos ensinamentos de Francisco de Assis (1182-1226), a Ordem Franciscana salientava a importância da pregação simples e do serviço público, ao mesmo tempo que levava uma vida de pobreza apostólica. Esta ordem foi reconhecida pelo papa em 1210. Paulatinamente, a Ordem Franciscana tornar-se-ia tão mundana quanto o resto da igreja, mas nos tempos dos primeiros franciscanos, os frades menores, como eram chamados, levavam vidas nómadas, pedindo comida e evitando a acumulação de propriedade.

Os dominicanos, por outro lado, embora exigissem austeridade aos seus membros, procuravam uma existência mais sedentária e regular.

Além disso, ao contrário dos franciscanos, os dominicanos davam grande importância ao ensino e à escola, e foram responsáveis pela criação de escolas e colégios em toda a Europa. Embora só reconhecida oficialmente pelo papa em 1216, a ordem havia sido fundada alguns anos antes por um espanhol chamado Domingos de Gusmão (1170--1221). Ainda jovem, Domingos fora enviado para o sul de França com o fim de converter os albigenses ao cristianismo católico, tarefa que cumpriu com satisfação. Desde o início, um dos objectivos principais dos dominicanos consistia na detecção e supressão de crenças dissidentes e heterodoxas. Com o tempo, a Ordem Dominicana tornar-se-ia a força motriz da *Inquisição,* um tribunal especial instituído pelo papa para combater a heresia em toda a Europa.

Embora a heresia parecesse estar em crescimento no século XIII, a fragmentação cristã da Europa só começou a acelerar realmente nos séculos XIV e XV. Por volta de 1360, um clérigo inglês chamado João Wiclef (1328-84) propôs um conjunto de ideias para reformar a igreja que se tornariam cada vez mais populares nas décadas seguintes. Do outro lado do continente europeu surgiram igualmente exigências de reforma, desta vez na Boémia (actualmente, a República Checa). Aí, um líder carismático chamado João Hus (1373-1415) propunha, a partir do seu púlpito em Praga, muitas ideias semelhantes às de Wiclef. Apesar do apoio do rei da Boémia, Hus foi queimado na fogueira por ordem do papa em 1415. A sua morte desencadeou uma revolução religiosa na Boémia. Surgiram dúzias de grupos dissidentes – hussitas, horebitas e taboritas – que defendiam a independência relativamente a Roma. Por fim, a maioria da Igreja da Boémia uniu-se a Roma enquanto parte dela se afastou, inclusive a Unitas Fratrum, também designada actualmente por irmãos moravos.

A Reforma protestante

Apesar dos constantes apelos para que se fizessem reformas na Igreja de Roma, só no século XVI uma coincidência fortuita de necessidade política e a poderosa imaginação de uma pessoa se combinariam para fazer despoletar a enorme explosão conhecida como Reforma protestante. Martinho Lutero (1483-1546) era um frade agostinho e professor de teologia na Universidade de Vitemberga, no norte da Alemanha. Clérigo consciencioso, Lutero seguia com muito interesse o impacto das políticas de Roma – principalmente as actividades de angariação de fundos – nos seus paroquianos locais. Em 1517, o papa Leão X (1475-1521) procurava meios para financiar os seus ambiciosos projectos de reconstrução em Roma, principalmente a reconstrução da antiga Basílica de S. Pedro, construída originalmente por Constantino.

Um dos métodos normalmente utilizados para angariar fundos para estes projectos consistia na venda de indulgências. Embora fosse uma prática comum, Lutero acreditava que isto era um abuso da parte da igreja. De modo a estimular um debate sobre a questão, Lutero afixou na porta da igreja de Vitemberga uma lista de 95 teses que punham em questão o poder do papa para conceder aquelas indulgências. A reacção foi impressionante. As teses foram editadas por meio da imprensa recentemente inventada, e rapidamente começaram a circular cópias por toda a Europa. Apesar da trivialidade da questão, a teologia que sustentava a venda de indulgências parecia simbolizar tudo o que estava errado na igreja e que causava a oposição anticlerical. As teses de Lutero tornaram-se assunto de debate nas ordens religiosas e os chefes políticos aproveitavam estas divisões. Lutero acabou por ser repreendido pela Igreja e pelo Santo Imperador Romano que detinha um poder nominal sobre a Alemanha. Todavia, não desistiu, e a pressão que sofreu obrigou-o a tomar posições cada vez mais radicais. Lutero chegou mesmo ao ponto de abraçar publicamente os ensinamentos de João Hus.

Apesar do conhecimento generalizado da corrupção da igreja na Europa e, em particular, na Alemanha, Lutero no princípio parecia não pretender romper com ela. No entanto, tal como o apóstolo Paulo, Lutero foi obrigado pelos seus opositores a desenvolver uma teologia para sustentar a sua posição. Nesta, adoptou posições de Huss, como o primado das escrituras, mas foi ainda mais longe. Anteriormente, na sua carreira de teólogo, Lutero tinha desfeito as dúvidas em relação à sua salvação regressando aos escritos de Paulo. Paulo sublinhava a importância da fé em Jesus em detrimento da ênfase judaico-cristã nos rituais como está prescrito na Bíblia hebraica. Lutero viu um paralelo entre a situação de Paulo e a sua própria situação. Tal como os primeiros cristãos Judeus, a Igreja católico-romana, afirmava Lutero, ensinava erradamente que os rituais eram tão importantes quanto a fé. Paulo, porém, ensinara que a fé por si só "justificava" (salvava) um pecador, e que esta fé era uma graça de Deus – uma graça que Deus concedia aos crentes como uma dádiva, e não em troca de rituais. Esta foi a posição adoptada por Lutero, pondo assim em questão todo o sistema sacramental da Igreja católico-romana.

Estas noções foram consideradas heréticas pelos chefes da igreja.

Lutero foi excomungado pelo papa (1519) e proscrito pelo Santo Imperador Romano (1521). No entanto, a situação política da Alemanha neste período era tal que as divisões causadas pelo aparecimento do movimento luterano se tornaram politicamente vantajosas para alguns príncipes locais. Lutero ficou sob a protecção destes príncipes e o movimento alastrou-se a muitos dos pequenos principados da Alemanha. Por fim, o imperador tentou impor a unidade religiosa pela força, mas foi em vão. Ele foi obrigado a decretar um edicto que autorizava os príncipes da Alemanha a decidirem se as suas terras seriam católicas ou luteranas. Quando, em 1529, o imperador tentou revogar o edicto, os príncipes luteranos protestaram (dando assim origem ao termo **protestante**). A Alemanha mergulhou então num estado de conflito permanente até 1555, quando o velho edicto foi confirmado com a Paz de Augsburgo. Porém, esta foi também uma paz temporária. Em breve a guerra entre católicos e protestantes alastraria por toda a Europa durante quase mais um século.

As tradições reformadas

Entretanto, outros reformistas começavam a seguir os passos de Lutero. Ulrico Zuínglio (1484-1531) da Suiça, por exemplo, tinha chegado sozinho a conclusões muito semelhantes às de Lutero. Zuínglio aceitava apenas as escrituras como única autoridade da igreja, pregava a salvação unicamente por meio da fé e, como Lutero, rejeitava todos os sacramentos, excepto aqueles baseados na Bíblia que eram o baptismo e a eucaristia. As reformas de Zuínglio foram aceites em Zurique e alastraram a outras zonas da Suiça, Alemanha e França. Por altura da morte de Zuínglio em 1531, o movimento reformado (assim chamado para se distinguir de um luteranismo mais moderado) tinha já uma influência apreciável.

O movimento reformado encontrou o seu grande chefe seguinte num advogado francês chamado João Calvino (1509-64). Calvino seguiu o exemplo de Zuínglio e quis fazer de outra cidade suíça a vitrina das suas reformas. A cidade de Genebra, de Calvino, em breve, tornar-se-ia o centro internacional da tradição reformada, enviando daí missionários para todo o continente europeu, Inglaterra e Escócia. Calvino era também um teólogo inovador. Retirou de Lutero a ênfase na transcendência de Deus para a sua conclusão lógica: se Deus é, efectivamente, soberano absoluto sobre a sua criação, Calvino chegou à conclusão de que isto significava que a vontade de Deus tudo controlava, inclusive a eventual salvação ou condenação de cada um dos seres humanos. Além disso, a soberania absoluta significava logicamente que Deus sabia desde logo quem seria salvo e quem seria condenado. A esta doutrina chama-se predestinação. Depois de Calvino ter exposto a sua doutrina no livro *Institutio Religionis Christianae* (Instituição Cristã), esta tornou-se o credo do movimento reformado, também conhecido como calvinismo.

A reforma radical

As Igrejas luteranas e reformadas partilhavam ainda com a Igreja católica o desejo de uma cristandade unida – unida certamente sob a bandeira luterana ou reformista. Com este fim, os chefes dos movimentos luterano e reformado sustentavam a ideia de uma igreja territorial, ou seja, uma igreja à qual toda a população de um país deveria pertencer. Para alguns protestantes, porém, esta concepção da igreja era tão tirânica como a da Igreja católica. Estes protestantes sustentavam que a igreja cristã devia ser livremente escolhida, à qual apenas adeririam verdadeiros crentes. Um destes grupos, influenciado talvez pelos cátaros e valdenses de outrora, formou-se na Suíça por volta de 1520. Como símbolo da natureza voluntária da sua igreja, este grupo insistia que o baptismo de crianças era errado porque ele só era válido se fosse realizado num adulto que voluntariamente o desejasse. O baptismo de crianças, afirmavam, nunca é referido na Bíblia. Chamados anabaptistas ("rebaptizadores") pelos seus opositores, foram ferozmente perseguidos pelos católicos, luteranos e protestantes reformados, pois a sua igreja voluntária era considerada uma ameaça para a ordem social. Apesar desta perseguição, praticada apesar das suas convicções pacifistas, os anabaptistas alastraram-se da Suiça para todo o continente. Um famoso grupo anabaptista foi fundado por Meno Simónis (1496-1561) na Holanda. Mais tarde, os menonistas foram também perseguidos e obrigados a emigrar, primeiro para a Polónia, depois para a Rússia e, por fim, para o Novo Mundo, onde vivem actualmente os seus descendentes. Os amishes são um dos ramos sobreviventes dos menonistas na América.

A Reforma na Inglaterra

As Ilhas Britânicas não estavam imunes às forças que fracturaram a cristandade no século XVI. De facto, cada um dos ramos do protestantismo continental encontrou uma contraparte no outro lado do canal, em Inglaterra e na Escócia. Em 1534, o rei Henrique VIII (1509-47), agindo fundamentalmente por motivos políticos, pressionou o parlamento para fazer passar uma série de leis que nacionalizavam a Igreja romana, criando assim a Igreja de Inglaterra, cujo chefe máximo seria Henrique. A Igreja de Inglaterra, ou anglicana, conservou uma boa parte da estrutura do catolicismo romano, tanto em termos da sua administração episcopal como na sua liturgia. Com o tempo, a doutrina anglicana acabou por sofrer influências das ideias luteranas e reformadas, mas acabou por ser talvez o movimento mais conservador surgido da Reforma protestante.

A Escócia, por outro lado, ficou sob a influência directa da Tradição Reformada, nomeadamente do calvinismo. O calvinismo escocês foi inflexível na substituição da antiga estrutura episcopal por uma na qual as congregações locais, agrupadas em *presbitérios,* se mantinham independentes de qualquer controlo centralizado. Com o decorrer do tempo, o presbiterianismo teria um enorme impacto na Inglaterra e seria parcialmente responsável pelo aparecimento, durante o século XVII, de um movimento reformista radical no interior do próprio anglicanismo. Estes "puritanos", como eram chamados, tentaram forçar a Igreja anglicana a adoptar reformas mais radicais, segundo os termos dos calvinistas continentais. Embora não tenham tido sucesso, alguns elementos do puritanismo sobreviveram independentes da Igreja anglicana, principalmente na América, onde o movimento se metamorfoseou no congregacionalismo. A Inglaterra tinha também os seus representantes da reforma radical. Os baptistas ingleses, por exemplo, eram influenciados pelos anabaptistas continentais (embora também existissem muitos calvinistas entre os baptistas ingleses).

Formas do culto protestante

Um dos legados da Reforma foi a alteração das práticas religiosas medievais. Poucas igrejas das que surgiram da Reforma, por exemplo, mantiveram intacto todo o calendário litúrgico católico-romano. Algumas, como as Igrejas luterana e anglicana, mantiveram intacta a estrutura anterior, embora os dias santos tenham perdido importância. As Igrejas reformadas do continente e os presbiterianos escoceses foram um pouco mais longe, conservando apenas as festas principais como o Natal, Páscoa e Pentecostes, e, em alguns casos, rejeitavam mesmo estas. Em todos os casos os reformistas pretendiam retirar importância ao ano cristão, o qual consideravam que se tornara um pretexto para celebrações desordeiras e ímpias.

Por contraste, as tradições reformistas pretendiam restaurar a importância da santidade do Sabat. Com este fim, os reformistas procuraram alterar de várias maneiras os serviços de Domingo, embora se conservasse a maior parte da estrutura básica da antiga missa católica. O facto importante é que todas as igrejas protestantes começaram a realizar as missas de Domingo na língua local e não em latim, de modo a que os leigos pudessem compreender o que era dito. Além disso, ao contrário da missa católica, encorajava-se uma maior participação dos leigos. O cântico pela congregação popularizou-se, e por vezes estimulavam-se os coros locias a cantarem hinos e a participarem assim nos serviços religiosos. Nas zonas onde os reformistas triunfaram, os serviços continuaram a ser realizados nos templos católicos já existentes. Porém, as disposições interiores destes templos reciclados eram frequentemente modificadas de modo a que a mesa do altar e o púlpito beneficiassem de igual atenção. Estas mudanças reflectiam o desejo de fazer notar que a graça salvífica do sermão e das leituras da Bíblia era tão importante como a da eucaristia.

Foi nos reformistas radicais que surgiram as maiores mudanças litúrgicas. Os anabaptistas simplificaram os serviços de Domingo, ainda mais do que as Igrejas luterana ou a reformada. Encorajava-se a pregação e a oração espontâneas pelos leigos, e a eucaristia perdeu ainda mais importância. Em certos casos, como nos baptistas, o acesso à eucaristia foi limitado a quatro vezes por ano. Em muito poucas instâncias, os reformistas radicais chegaram ao ponto de acabar de vez com as velhas práticas do Sabat. Os quacres ingleses, por exemplo, rejeitavam todos os rituais exteriores porque acreditavam que o espírito interior estava permanentemente ligado a Deus. Mesmo hoje, algumas reuniões de quacres não têm chefias nem padrões estabelecidos. Nestas reuniões, os membros sentam-se calmamente nos seus bancos até que um deles seja levado a falar movido pelo Espírito Santo. Se alguém for levado a falar, este torna-se o sermão do dia. Por vezes ninguém fala, e as reuniões dominicais terminam sem que exista qualquer acto para além das orações silenciosas. A simplicidade deste tipo de culto está realmente muito longe da complexidade e esplendor da missa católico-romana.

A reforma católica

Quando a cristandade começou a fragmentar-se com o impacto da Reforma protestante, os chefes da Igreja católica não adormeceram, mas entraram num período de profunda busca espiritual e de reformas internas. A reforma católica que daí resultou (conhecida por vezes como "Contra-Reforma") pouco fez para refrear a diversificação religiosa da Europa, mas revigorou espiritualmente a Igreja católico-romana. A reforma católica foi realizada a muitos níveis e de muitos modos. Por exemplo, quando se tornou cada vez mais evidente que a -revolta protestante não era uma aberração temporária, a igreja convocou um concílio geral de modo a propor a sua própria reforma e delinear uma estratégia para trazer de volta a Europa ao seu seio. Decorrido de 1545 a 1563, o Concílio de Trento tinha o objectivo declarado de se debruçar sobre os "males que há muito afligiam e quase esmagavam a comunidade cristã". Estes males eram tanto doutrinais quanto institucionais. Durante as longas sessões do Concílio, foi debatida e clarificada a posição católica ortodoxa sobre coisas como o pecado original e a justificação, o papel das Escrituras, a relação das obras com a fé e a natureza e número dos sacramentos. Não menos importante, o Concílio procurou igualmente rectificar os abusos do clero, abusos institucionais (por exemplo, detenção de cargos múltiplos, compra de cargos eclesiásticos, desprezo pelos leigos) e pessoais (por exemplo, vida imoral, iliteracia ou ignorância geral acerca da doutrina da igreja). Se, no final, o Concílio de Trento reafirmou as posições tradicionais, porém, clarificou os dogmas, melhorou a eficiência da organização da igreja, elevou os padrões do clero e restaurou a importância da disciplina espiritual a todos os níveis para lidar com o desafio dos protestantes.

Foi talvez ao nível da espiritualidade básica cristã que a reforma católica teve o seu maior impacto, pois, para além das alterações institucionais, também fomentou uma intensa piedade cristã que se difundiu a todos os níveis da sociedade católica. Esta piedade é talvez melhor ilustrada pelos escritos dos grandes místicos espanhóis, Stª. Teresa de Ávila (1515-82) e S. João da Cruz (1542-91). Ambos foram muito activos na reforma do monaquismo espanhol, mas são hoje mais recordados pelos seus clássicos espirituais como *O Castelo Interior* (c.1577) de Teresa de Ávila e *A Noite Escura da Alma* (c.1578) de S. João da Cruz. Em *O Castelo Interior,* Stª. Teresa oferece ao leitor uma espécie de manual místico, onde se estabelecem sistematicamente os estádios de ascensão mística usando a imagem da alma como um castelo cristalino com sete salas concêntricas. Numa linguagem simples mas poderosa, Teresa documenta os efeitos da oração, ascetismo e pureza espiritual à medida que a alma progride no interior deste castelo, em cujo centro se vive uma experiência esmagadora da própria divindade. De facto, *O Castelo Interior* culmina com o relato de um

O Êxtase de Stª. Teresa, *de Bernini (1645-52), é talvez a evocação suprema na arte ocidental da experiência religiosa directa e profunda.*

encontro com Deus, numa das mais notáveis e assombrosas descrições de toda a literatura mística.

S. João da Cruz, por outro lado, via a busca espiritual de Deus em termos muito mais soturnos, comparando-a poeticamente à angústia sofrida pelo amante que procura a sua amada. Esta angústia era necessária para conduzir a alma para além do amor-próprio, preparando-a assim para a "noite escura da alma", um estado no qual Deus purifica espiritualmente a alma e prepara-a para a visão beatífica. Apesar das diferenças entre ambos, Sta. Teresa e S. João da Cruz tinham um profundo conhecimento intuitivo da psicologia humana, e eram mestres em transmitir aos seus leitores uma visão apaixonada e irresistível da demanda mística. Com o tempo, estes livros tornar-se-iam marcos místicos não só para os católicos como também para todos os místicos em geral.

A Guerra dos Trinta Anos e o fim da cristandade

Embora pareça, para o observador actual, que a cristandade na Europa estava irremediavelmente comprometida por volta do final do século XVI, muitas das grandes potências católicas, como a Espanha e a França, agiam como se ela pudesse ser reconstituída sob a sua liderança. O rei de Espanha, por exemplo, tentou restaurar o catolicismo na Holanda, mas o seu sucesso foi apenas parcial devido à oposição de Inglaterra. Vários reis franceses tentaram aniquilar os apoiantes da Tradição Reformada, chamados huguenotes, nos seus territórios. O seu sucesso foi, igualmente, apenas parcial. Estes conflitos, porém, apenas fizeram elevar a tensão entre protestantes e católicos, e, pouco depois do início do século XVII, a Europa estava à beira de um conflito religioso global que duraria cerca de três décadas.

A Guerra dos Trinta Anos acabou por se alastrar a quase todos os Estados europeus, espalhando a morte e o caos económico por toda a parte. Pouco se ganhou, e o conflito degenerou numa longa e desgastante guerra. A exaustão conduziu finalmente as várias partes à mesa de negociações em 1648. O Tratado de Vestefália, que acabou com as Guerras de Religião, pouco mais fez do que ratificar a situação religiosa que já se estabelecera com a Paz de Augsburgo, quase um século antes. No entanto, muito tinha já mudado. A pouca fé na ideologia da cristandade, que sobrevivera tão tenazmente desde os tempos de Constantino, diluiu-se. Como vimos, a ideia de cristandade nunca morreu completamente, se bem que, agora que a Europa entrava na Idade Moderna, muitos europeus desconfiassem de todas as coisas religiosas.

O cristianismo e os desafios da Modernidade 5

Introdução

Com o início do século XVII, a Europa entrava num período de grandes e prolongadas mudanças – mudanças que revolucionariam o Ocidente e que teriam consequências no resto do mundo. Esta época, hoje chamada Era Moderna pelos historiadores, ficou marcada pela ascensão do racionalismo, pela ciência, pelo liberalismo político e secularismo, pela industrialização e pelo imperialismo. As origens destas novas ideologias e instituições foram complexas e, em alguns casos, obscuras, mas o impacto total que elas produziram pode sintetizar-se numa única palavra: **modernidade**. A modernidade representou uma nova e peculiar visão do mundo na história humana. Na sua abordagem ao mundo, a modernidade realçava o cepticismo e o pensamento crítico, assim como uma atitude positiva relativamente à mudança social e intelectual. A modernidade tentou também retirar importância à revelação divina como origem do conhecimento, e insistia no papel superior do indivíduo na formação do futuro. De facto, algumas ideologias modernas, como o comunismo baseado no pensamento de Karl Marx (1818-83), eram militantemente anti-religiosas e rigorosamente materialistas. Deste modo, a modernidade confrontou o cristianismo com uma visão do mundo que estava completamente nos antípodas das visões do mundo pré-modernas herdadas da Antiguidade.

Como veremos neste capítulo, a história deste confronto é bastante irónica. Embora a modernidade dominasse o período, é evidente que nunca triunfou realmente ou substituiu completamente a mundividência pré-moderna – mesmo no Ocidente. Na verdade, o cristianismo, neste período, teve um crescimento e expansão global sem precedentes. Além disso, a luta das Igrejas cristãs para reagir à modernidade e, em certos casos, para se adaptar a ela, conduziu a uma pletora de novas e originais formas da tradição. Este capítulo explorará algumas destas novas formas e delineará a história mais alargada do conflito entre a modernidade e o cristianismo, até hoje não resolvido.

Religião e Iluminismo

A Reforma acabou efectivamente com um milénio e meio de domínio da tradição católico-romana que ditava a ortodoxia cristã na Europa. De facto, sem o apoio da tradição, a ambiguidade inerente à revelação bíblica tornou-se óbvia para todos – um facto que é bem demonstrado pelo desenvolvimento fragmentado da Reforma. Além disso, a subsquente Guerra dos Trinta Anos revelou a futilidade da restauração de uma ortodoxia pela força. Aos chefes da Europa, portanto, pouco restava senão tolerar a verdadeira diversidade de cristianismos e continuar a governar. Esta atitude fomentou uma abordagem muito mais pragmática na coordenação das relações humanas. O evidente sucesso desta abordagem – quase um século e meio de paz relativa na Europa após 1648 – deteriorou ainda mais a centralidade da Revelação no campo da política. Por fim, os políticos liberais começaram a ver o Estado como um produto do comportamento humano e não da vontade de Deus, e, por conseguinte, o desejo de uma unidade religiosa começou a perder importância nos processos políticos europeus. Este facto deu origem a um ambiente de relativa tolerância para com os dissidentes religiosos. Com o tempo, a Inglaterra, a Prússia e a Áustria adoptaram políticas oficiais de tolerância religiosa, enquanto que em França a tolerância se tornou num entendimento tácito.

Além da tolerância religiosa, os acontecimentos dos séculos XVI e XVII avivaram também outra controvérsia intelectual mais fundamental que se desenvolvia há séculos: quais são os limites da razão humana na produção do conhecimento? Com a Reforma e as subsequentes guerras religiosas, o estatuto da Revelação começou a decair. Filósofos e teólogos europeus começaram de novo a sondar os limites da razão e, desta vez, mais ou menos livres dos ditames das instituições religiosas, chegaram a conclusões mais radicais do que os escolásticos, os seus colegas medievais. O filósofo francês René Descartes (1596-1650), por exemplo, desenvolveu um sistema que colocava tudo em dúvida excepto a realidade da própria mente daquele que pensa. Todos os factos indubitáveis, segundo Descartes, têm a sua origem na mente humana e, portanto, todo o conhecimento fidedigno é produzido pela razão humana. Por outro lado, o filósofo inglês John Locke (1632-1704) partia de premissas muito diferentes. Segundo Locke, todos os factos têm origem nos nossos cinco sentidos e na observação empírica da natureza. Contudo, o resultado final proposto por Locke era igual ao de Descartes: o conhecimento produzido por estes factos era, em última análise, produto da razão humana. Esta renovada ênfase na razão e na possibilidade dos seres humanos poderem produzir juízos epistemológicos válidos era considerada por muitos como a marca do fim da chamada "idade das trevas" dos séculos medievais e o início de uma nova "era das luzes".

Apesar da ênfase no racionalismo, o Iluminismo não foi um período anti-religioso ou anticristão. Na verdade, Descartes pretendia que o seu novo sistema filosófico fosse um modo novo e melhor de se conhecer Deus. John Locke escreveu livros com títulos como *A Razoabilidade do Cristianismo* (1695), de modo a provar racionalmente a divindade de Jesus e a historicidade dos seus milagres. O Iluminismo foi, talvez, anticlerical e anti-institucional. Os pensadores iluministas tendiam a representar a Igreja católico-romana como o símbolo do irracionalismo e sobrenaturalismo medievais, e o mote do filósofo Voltaire (1694-1778) "*Ecrasez l'infame!*" (Esmaguem o infame!) ilustra bem a veemência destas atitudes relativamente à igreja em França. No entanto, até mesmo Voltaire reconhecia a importância da religião na vida humana, principalmente no que respeitava ao comportamento ético e à coesão social. Pois, ao mesmo tempo que se acreditava que a razão podia produzir um código ético "natural", muitos pensadores iluministas acreditavam também que a força particular da consciência ética da humanidade só podia ter origem divina. Por outro lado, se os cristãos de todas as seitas reconhecessem o seu âmago ético comum, não havia justificação para disputas violentas sobre o sentido da Revelação, nem havia razões para impor qualquer unidade interpretativa. A unidade ética, afirmavam, permitia a diversidade religiosa. Por último, a religião era apenas uma questão de escolha pessoal, uma escolha feita de acordo com os ditames da própria consciência de cada um. Por razões principalmente de necessidade pragmática, esta foi uma ideologia que encontrou a sua maior e mais bem sucedida expressão nas Américas inglesas.

Gestão da diversidade cristã na América inglesa

Desde que os ingleses se estabeleceram na América, no século XVII, as colónias na América atraíram uma larga variedade de tradições cristãs, desde anglicanos e católicos, a luteranos e reformados, assim como vários tipos de seitas reformistas radicais. Por conseguinte, embora a Igreja de Inglaterra continuasse a ter um estatuto oficial em muitas das colónias, isto significava muito pouco porque nenhuma igreja podia reivindicar uma clara maioria relativamente às outras. A tolerância em relação a outros tipos de protestantismo (e, mais tarde, ao catolicismo e judaísmo) tornou-se uma necessidade social, principalmente nas Colónias Centrais. Nova Iorque, por exemplo, era originalmente uma colónia holandesa. Por uma questão de expediente, quando os Ingleses anexaram a colónia em 1664, a Igreja reformada holandesa foi oficialmente reconhecida e os seus direitos preservados. De facto, o duque de Iorque optou por uma política de franca tolerância religiosa, e a colónia atraiu calvinistas franceses, luteranos alemães, congregacionalistas da Nova Inglaterra, quacres, baptistas, menonistas, católicos e judeus. Com a fundação da Pensilvânia, em 1681, Guilherme Penn seguiu um caminho semelhante, com a novidade acrescida de alargar a tolerância religiosa aos nativos americanos (uma experiência que, infelizmente, durou pouco tempo).

Quando as colónias britânicas conseguiram a sua independência em 1781, a tolerância religiosa tornou-se norma, embora tenha sido bastante debatida a questão de torná-la política oficial do novo governo federal. Os colonos da Nova Inglaterra, por exemplo, afirmavam que uma política destas minaria o estatuto oficial da Igreja congregacionalista na sua região. Outros afirmavam que esta tolerância tornaria a América num antro de dissidentes, antinomistas (aqueles que acreditavam não estar sujeitos a quaisquer leis éticas) e não-cristãos. Porém, muitos dos fundadores da América, como Thomas Jefferson, defendiam a incorporação da tolerância na estrutura nacional. Além disso, várias igrejas da Reforma radical, vítimas da opressão na Europa, exigiam liberdade completa relativamente às Igrejas territoriais nos Estados Unidos. Os baptistas fizeram-se especialmente ouvir durante a Convenção Constitucional sobre a questão da liberdade religiosa. Por fim, a Primeira Emenda da Constituição americana (1791) declarava explicitamente que o governo federal deve ser absolutamente neutral relativamente à religião e, ao contrário da Europa, nenhuma igreja gozaria de um estatuto oficial. Isto conduziu ao que acabou por se chamar **confessionalismo**, a ideia de que todos os grupos religiosos nos Estados Unidos são iguais perante os olhos da lei.

Pietismo protestante e revivalismo religioso no período iluminista

O Iluminismo foi um período de contrastes e contradições. Embora importante em relação ao desenvolvimento do racionalismo, este período foi igualmente importante em relação aos movimentos contrários que originou, principalmente na esfera religiosa. Se, por um lado, o Iluminismo encorajou a busca de um cristianismo mais racional, por outro, foi também um catalizador para novos movimentos cristãos que pretendiam colocar os elementos não-racionais e experimentais da tradição acima dos elementos doutrinais excessivamente racionalizados. Um destes movimentos foi o **pietismo**. O pietismo vai buscar as suas raízes ao período anterior ao Iluminismo, ao princípio do século XVII. Durante este período, muitos protestantes continentais, ainda amedrontados com as guerras religiosas, estavam alarmados devido ao fraco entusiasmo religioso que era notório no fim das guerras. Os seus pastores pareciam enfraquecidos e com pouco para dizer, e temiam que o protestantismo resvalasse para uma espécie de escolástica. Como resposta, alguns protestantes começaram a desenvolver um credo mais pessoal baseado na ideia de verdadeira piedade. A piedade, tal como era definida por um dos chefes do movimento, Philipp Jacob Spener (1635-1705), significava ter bom sentimento e ser bom crente. O bom sentimento traduzia-se pelo culto de uma intensa experiência pessoal de Deus e pelo intenso desejo de levar aos outros esta mensagem do Evangelho. O pietismo parece ter surgido entre as Igrejas reformadas holandesas, mas por volta do século XVIII tinha-se alargado ao luteranismo, tanto na Alemanha como na Escandinávia, e tornara-se um símbolo da Igreja morava reanimada.

No século seguinte – na chamada "idade da razão" –, o pietismo consolidou-se e registou o seu maior crescimento. De facto, no século XVIII, surge a mais famosa das seitas pietistas, os metodistas de João Wesley (1703-91). Ainda jovem, Wesley, que nascera e crescera na Inglaterra no seio da Igreja anglicana, começou a procurar uma experiência religiosa mais expressiva. Assim, ele e o seu irmão Carlos formaram um clube escolar para prosseguir estudos disciplinados da Bíblia. A natureza metódica do clube inspirou o nome do ainda pequeno movimento: os metodistas. Em 1738, Wesley entrou em contacto com os moravos numa viagem à América. Impressionado pela sua piedade simples, e tendo passado por uma intensa experiência mística, Wesley adoptou como objectivo do metodismo o aperfeiçoamento da verdadeira piedade.

Um melhor indicador da força do pietismo protestante durante o século XVIII é o facto de este século ter testemunhado duas vagas maciças de **revivalismo** religioso na Europa e na América, ambas com um forte carácter pietista. A primeira vaga, chamada o "Grande Despertar", começou por volta de 1720 e atingiu o seu auge em 1740. As origens do Grande Despertar são obscuras, mas sugeriu-se que o revivalismo surgiu da combinação da mensagem pietista com um interesse renovado no **milenarismo**. O milenarismo é a antiga ideia cristã de que a segunda vinda de Cristo está iminente. Combinado com o pietismo, o milenarismo criou a ideia de que era muito urgente converter o maior número possível de pessoas antes do dia final. Não interessavam os meios nem tão-pouco as confissões. Assim, encontramos durante este período ministros de quase todos os tipos de protestantismo pregando em qualquer lugar onde encontrassem uma audiência – num templo ou ao ar-livre, não importava. Com o tempo, este estilo democrático de pregação, assim como os seus conteúdos de pietismo milenarista, acabou por formar um movimento interconfessional que mais tarde se chamaria **protestantismo evangélico**.

Muito depois de 1740, o protestantismo evangélico continuou a prosperar pela Europa, especialmente na Inglaterra, embora o ímpeto revivalista tenha decrescido um pouco. Na América, porém, tanto o protestantismo evangélico como o revivalismo tornaram-se características permanentes do cenário religioso americano. De facto, é difícil datar o fim do Grande Despertar na América porque parece não ter terminado, tendo antes evoluído para uma série de revivalismos locais que continuaram pelo século fora. Além disso, no final do século, o país encontrava-se à beira de outro revivalismo religioso nacional – o Segundo Grande Despertar. Durando de 1790 a 1840, o Segundo Grande Despertar foi especialmente forte na fronteira ocidental americana, uma fronteira que se expandia muito rapidamente. Aqui, a população fronteiriça, que na maioria não possuía templo, convergia para "reuniões campais" para ouvir pregadores evangélicos impetuosos e, por vezes, mesmo iletrados. Estas reuniões, que duravam dias ou semanas, constituíam uma das mais importantes fontes de experiência religiosa para os habitantes da fronteira americana.

Embora originalmente improvisados e aparentemente caóticos, com o tempo, estas reuniões foram ganhando uma estrutura mais definida.

Habitualmente, designava-se antecipadamente um local rural centralmente situado, e dezenas de famílias dos campos das redondezas convergiam para o local na altura combinada. À chegada, cada uma das famílias montava uma tenda e preparava os utensílios de cozinha para uma estada prolongada. À medida que mais pessoas chegavam e o campo se enchia com várias centenas de pessoas, as reuniões por vezes adquiriam uma atmosfera festiva. De facto, alguns eram atraídos apenas pelo entretenimento proporcionado por estes encontros. A maioria, porém, vinha por causa dos "serviços", que consistiam fundamentalmente em pregações intermináveis e cânticos de manhã à noite. No centro do campo, os organizadores do encontro construíam uma plataforma elevada para pregação, virada para várias filas de bancos rústicos. Os campistas sentavam-se neles durante horas, ouvindo com uma atenção arrebatada pregadores de várias confissões que falavam dos terríveis custos do pecado e exortavam os corações à contrição. No fim do dia, a maratona de pregação atingia normalmente o seu auge emocional. As pessoas começavam espontaneamente a gritar e a gemer, a chorar e a dançar, ou a sofrer espasmos físicos incontroláveis. Muitos acreditavam que estas eram manifestações de uma batalha entre o Demónio e o Espírito Santo que se travava na alma da pessoa. Profundamente inspirados por estas experiências, muitos indivíduos confessavam publicamente os seus pecados e, na presença dos seus vizinhos, juravam corrigir-se. Uma zona especial em frente à plataforma dos pregadores, chamada "Cercado dos Pecadores" ou "Banco dos Lamentadores", servia de palco público para esta actividade de grande emoção. No final, não era raro ver o cercado repleto de dúzias de homens, mulheres e crianças, todos a chorar inconsolavelmente pelos seus pecados do passado e pela sua salvação presente.

As cidades mais a leste dos Estados Unidos não estavam completamente imunes ao entusiasmo religioso que vinha da fronteira ocidental, embora o evangelismo aí fosse normalmente mais sóbrio e sério. Em vez de encontros campais, na costa Este realizavam-se "cruzadas", que eram encontros onde se faziam discursos em várias salas, bem financiados e profissionalmente organizados, que esgotavam normalmente os maiores auditórios e liceus da altura. De facto, com o Segundo Grande Despertar, no Este surgiu a figura americana do evangelista profissional – uma série de indivíduos que ia desde Charles G. Finney (1792-1875) e Dwight L. Moody (1837-99), passando por Billy Sunday (1862-1935) e Aimee Semple McPherson (1890-1944), até aos actuais Billy Graham e Oral Roberts. Exaltados ou sóbrios, os evangelistas e os revivalismos tornaram-se uma característica recorrente do cenário religioso americano. Isto constituiu outro forte catalizador para a diversificação do cristianismo nos Estados Unidos.

Sectarismo na América do século XIX

Contrastando com o aparecimento do protestantismo evangélico, com a sua retórica de interconfessionalidade e cooperação, o princípio do século XIX testemunhou também o aparecimento de numerosos grupos protestantes dissidentes ou seitas. Muitas destas seitas tinham as suas raízes no Segundo Grande Despertar, embora os seus líderes seguissem direcções diferentes do evangelismo confortável que a maioria dos americanos adoptou durante o revivalismo. Joseph Smith (1806-44), por exemplo, era um jovem do interior do estado de Nova Iorque que não se sentia satisfeito com a desorientação provocada pelos revivalismos religiosos da sua zona. Smith foi aliviado das suas dúvidas religiosas após ser visitado por duas "personagens celestiais". Estas avisaram-no para não se comprometer com nenhum dos tipos de protestantismo. Mais tarde, outros visitantes angélicos revelariam a Smith documentos pretensamente compilados por Mórmon, o penúltimo descendente de um antigo grupo de Israelitas que emigrou para a América. Segundo o *Livro de Mórmon,* Jesus ressuscitado fundara a sua Igreja original não só em Israel, mas também e simultaneamente na América. A missão de Joseph Smith era, portanto, a de restabelecer a sua Igreja na América. Para isso, criou a Igreja de Jesus Cristo dos Santos do Último Dia – hoje normalmente conhecida como a Igreja dos mórmones.

Ao contrário de Joseph Smith, William Miller (1782-1849) deixou-se levar pelo entusiasmo do Segundo Grande Despertar, interpretando-o como um sinal da iminente segunda vinda de Jesus. Miller acreditava que tinha desvendado o código simbólico da Bíblia e anunciou confiante que Jesus voltaria algures entre 21 de Março de 1843 e 21 de Março de 1844. Com isto, o suposto profeta atraiu rapidamente um grupo de seguidores a quem os jornais da época chamavam derrisoriamente "adventistas" ou "milleritas." Quando chegaram e passaram as datas anunciadas sem que nada acontecesse, Miller calculou uma nova data: 21 de Outubro de 1844. Como Jesus não apareceu nessa data – conhecida na história como a "Grande Desilusão" –, muitos dos seguidores de Miller, e até o próprio Miller, abandonaram o movimento. No entanto, o movimento adventista sobreviveu nos Estados Unidos. Sob a liderança firme da visionária Ellen G. White (1827-1915), pelo menos uma parte dos milleritas originais acabou por obter um estatuto confessional com o nome de Adventistas do Sétimo Dia. De facto, o milenarismo, tal como o revivalismo, tornar-se-ia uma característica permanente do cenário religioso americano. Cada nova geração na América parece trazer consigo outra vaga milenarista, e continuam a surgir novas seitas adventistas. As Testemunhas de Jeová e Identidade Cristã são dois bons exemplos disso.

O problema do modernismo religioso

A Idade moderna trouxe também muitos problemas ao cristianismo. Um deles surgiu quando os cristãos foram obrigados a lidar com as implicações do racionalismo iluminista no século XVIII. Outro veio com a segunda metade do século XIX, e relacionava-se com dois assuntos aparentemente diferentes: a teoria da evolução, de Darwin, e a crítica textual da Bíblia. Em 1859, Charles Darwin (1809-82) publicou *A Origem das Espécies* e doze anos depois continuou a tese com *A Descendência do Homem*. Os dois livros despoletaram um violento debate acerca da validade da teoria da evolução. A ideia de que as formas de vida superiores como os seres humanos evoluíram a partir de formas inferiores já fora, com certeza, discutida há séculos. No entanto, a abordagem científica de Darwin, já para não falar da cuidadosa acumulação de provas, significava que a teoria já não podia ser rejeitada de um modo ligeiro. Os cristãos, por conseguinte, tiveram de enfrentar as implicações da teoria, e esta não era uma tarefa fácil. A teoria da evolução de Darwin não só propunha que os seres humanos tinham evoluído a partir dos macacos, mas também – e talvez mais importante – sugeria que esta evolução ocorria por meio de um processo de selecção natural completamente automático. Neste processo, pouco espaço era deixado às mãos de Deus. Além disso, fazia também parte da teoria a ideia de que o processo de selecção natural exigia milhões de anos para se efectuar. Porém, a versão bíblica da criação sustentava que a Terra tinha só alguns milhares de anos de idade, e que a vida, com toda a sua diversidade, tinha sido criada no espaço de dias. Se a teoria da selecção natural era verdadeira, então o *Génesis* deveria ser uma falsidade.

Esta não era a primeira vez na idade moderna que a Bíblia tinha sido seriamente investigada pela ciência. Desde o princípio do século que críticos literários e historiadores tentavam separar, na Bíblia, os factos dos mitos, sujeitando-a ao mesmo tipo de análise científica utilizada em qualquer outro documento histórico. Estas análises, chamadas "**crítica maior**", tinham-se iniciado mais seriamente nos seminários protestantes da Alemanha e, no final do século XIX, eram praticadas por estudiosos bíblicos em toda a Europa e Estados Unidos. A crítica maior era assim chamada para se distinguir da crítica anterior que procurava simplesmente estabelecer a versão correcta de um texto bíblico. A crítica maior, por outro lado, interessava-se mais pelos autores bíblicos – pelas suas fontes, motivações teológicas e contexto histórico. Estes críticos abordaram então o texto bíblico não como escritos inspirados por Deus, mas como produtos humanos de um certo tempo e lugar, escritos com propósitos imediatos e dirigidos a diferentes audiências. Por fim, ao negarem a inspiração divina, os críticos inevitavelmente colocaram em questão a própria autoridade da Bíblia.

Nem todos os cristãos consideravam a teoria da evolução e a crítica maior como ameaças. De facto, alguns protestantes e católicos consideravam que estes dois produtos da ciência forneciam novos e entusiasmantes modos de abordar a fé cristã. Aqueles que adoptaram esta posição chamavam-se **modernistas** religiosos. A crítica maior da Bíblia, argumentavam os modernistas religiosos, demonstrava que o antigo cristianismo, embora mais avançado do que outras religiões do mundo antigo, era porém um produto da sua era. Nas suas formas tradicionais, portanto, o cristianismo estava deslocado no mundo moderno. No entanto, retirando metáforas da evolução biológica, os modernistas religiosos acreditavam também que o cristianismo era capaz de um crescimento adaptável e que, por conseguinte, estava destinado a evoluir para uma forma mais adequada à era moderna.

Relativamente ao protestantismo, os modernistas religiosos tiveram um impacto profundo, pois serviram para desfazer o equilíbrio delicado entre a modernidade e a tradição que o cristianismo evangélico tentara promover. Os protestantes da América consideraram as implicações da evolução e da crítica maior especialmente preocupantes. Estes tentaram responder ao modernismo religioso adoptando atitudes cada vez mais conservadoras relativamente à fé. Principalmente nos luteranos e nas tradições reformadas, surgiram hábeis mestres e teólogos que defendiam a infalibilidade das Escrituras e que consideravam a selecção natural como uma heresia.

A um nível mais popular, o cristianismo conservador da América do final do século XIX fundiu-se naquilo que viria a ser chamado de **fundamentalismo**. O fundamentalismo não era uma única confissão, mas era antes, como o próprio protestantismo evangélico, um conjunto de crenças e atitudes que ia para além das fronteiras confessionais. Em 1910, as bases deste movimento foram publicados numa série de cartilhas colectivamente chamadas *Os Fundamentos*. As cartilhas salientavam cinco pontos básicos do cristianismo fundamentalista: 1) a infalibilidade das Escrituras; 2) o nascimento virginal de Jesus; 3) a expiação limitada aos eleitos; 4) a ressurreição física e corpórea de Jesus; e 5) a literal segunda vinda de Jesus. Com isto, o cristianismo evangélico nos Estados Unidos ficou efectivamente dividido em três campos separados: modernistas religiosos à esquerda, fundamentalistas à direita, e muitos no meio que não apoiavam nem os extremismos liberais nem os extremismos conservadores, e que eram obrigados a interpor-se entre eles. Com o tempo, as tensões entre fundamentalistas e modernistas religiosos ameaçaram dividir muitas confissões, incluindo os baptistas, presbiterianos e metodistas.

No início do século XX, as tensões entre fundamentalistas e modernistas agravaram-se por várias vezes. Os fundamentalistas consideravam a evolução biológica particularmente repugnante e promoveram leis em muitas legislaturas estaduais para ilegalizar a sua aprendizagem nas escolas públicas. Em alguns estados do Sul, os fundamentalistas tiveram um enorme sucesso. De facto, em 1925, um professor de biologia do ensino secundário, chamado John Scopes, foi levado a tribunal por violar uma lei do Tennessee que proibia o ensino da evolução. Aquilo que começou como um simples julgamento civil, acabou num referendo sobre o debate modernista/fundamentalista. O advogado de Scopes, Clarence Darrow (1857-1938), conhecido pelas suas posições liberais, argumentou contra o promotor público, William Jennings Bryan (1860-1925), igualmente conhecido como grande defensor do fundamentalismo. A fama destes dois homens atraiu a atenção pública, tornando o julgamento num acontecimento nacional. E embora Brian tenha ganho facilmente o caso – Scopes foi multado em 100 dólares –, foi o fundamentalismo que acabou por pagar mais. Muitos dos repórteres que assistiram ao julgamento, incluindo o celebrado escritor e crítico H. L. Mencken, ridicularizaram o recto Bryan nas suas crónicas jornalísticas. A comunicação social em geral, durante este período, era hostil a qualquer forma de conservadorismo religioso, e, depois do julgamento, generalizou-se nos jornais, revistas e romances americanos, o estereótipo do fundamentalista ignorante atravessado no caminho do progresso. O fundamentalismo não desapareceu, certamente; o movimento tornou-se mais sóbrio na América e virou-se para si próprio, formando a sua própria subcultura vigorosa mas fechada. Seriam necessários cinquenta anos para que o fundamentalismo voltasse em força à cultura americana. Nesta altura, o modernismo religioso declinava e as próprias assumpções da modernidade estavam a ser postas em causa.

O cristianismo protestante e a crise da modernidade no século XX

Muitos dos acontecimentos da primeira metade do século XX abalaram a confiança do Ocidente na modernidade. A tecnologia e o progresso tinham, aparentemente, trazido só a morte em massa e a destruição maciça de propriedade. Já no final da Primeira Guerra Mundial (1914-18), o optimismo do Iluminismo e a moderna exaltação do racionalismo e da tecnologia tinham sido substituídos por um sentimento de profundo pessimismo. No final da Segunda Guerra Mundial (1939--45), este pessimismo transformou-se em desespero, principalmente depois de ser conhecido todo o alcance do holocausto nazi. De um modo talvez surpreendente, embora a grande maioria dos europeus no período pós-guerra continuasse a ser confessionalmente cristã, não se lhe seguiu nenhum revivalismo a grande escala e o número de membros começou a diminuir. De facto, muitos consideravam o cristianismo exausto e impotente para lidar com os horrores da vida moderna e viravam-se para novas filosofias seculares como o existencialismo e a psicanálise como antídotos para a modernidade.

Do outro lado do Atlântico, porém, muitas confissões protestantes americanas deslocaram-se mais para o tipo de cristianismo evangélico conservador reminiscente do que se encontrava nos Estados Unidos no princípio do século XIX. Após a Segunda Guerra Mundial, os Estados Unidos entraram num período de prosperidade e crescimento que durou até aos anos 60, e a maioria dos Americanos procurou um tipo de fé simples e estável que complementasse, e não desafiasse, um estilo de vida de classe média. Além disso, a chamada "Guerra Fria" entre as democracias do Ocidente e a Rússia e China marxista também ajudou ao aumento do número de pessoas nas igrejas, pois a frequência regular na igreja tornara-se uma marca de "americanismo" e fervor patriótico.

Este crescimento, no entanto, tinha limites. Após o seu rápido crescimento no decurso de uma década, o número de membros das confissões protestantes maioritárias atingiu o seu ponto mais alto em 1957 e começou depois a diminuir. O conservadorismo crescente das igrejas coincidira, aparentemente, com o conservadorismo crescente da cultura americana após a Segunda Guerra Mundial. Mas no final dos anos 50, animada pela prosperidade e pelo desvanecimento das memórias das guerras mundiais, a cultura americana iniciou outra viragem em direcção ao liberalismo – uma viragem que a igreja teve dificuldade em acompanhar. Na década de 60, uma boa parte da nova geração tinha começado a abandonar de vez o cristianismo. Neste período, cresceu o interesse nas práticas ocultas e na feitiçaria, tal como o interesse em novos movimentos religiosos como a cientologia. Muitos foram atraídos pelo exotismo de movimentos religiosos orientais como o budismo zen, a meditação transcendental e a Sociedade Internacional para a Consciência Krishna (os chamados "Hare Krishnas"). Outros, ainda, adoptaram terapêuticas psicológicas "seculares" ou outros métodos terapêuticos para enfrentarem os seus problemas existenciais. Com o tempo, alguns voltariam ao cristianismo, mas, acima de tudo, o protestantismo na América durante este período perdeu muito do seu peso.

Como reacção ao caos cultural e religioso dos anos 60, muitos protestantes conservadores moderados começaram activamente a construir pontes para os cristãos conservadores de todos os géneros. No início dos anos 70, surgiu uma coligação pouco definida de centro-direita de evangélicos, fundamentalistas e outros grupos cristãos conservadores. Confrontados com a contracultura, os membros da "Aliança Evangélica" perceberam que, apesar das diferenças históricas e teológicas que tradicionalmente os dividiam, partilhavam alguns valores comuns. Além de uma espiritualidade baseada na Bíblia, a Aliança Evangélica estabeleceu um programa político e social centrado nos valores da família e numa forte defesa nacional contra o comunismo global. A Aliança Evangélica foi particularmente eficaz na promoção das suas crenças através de uma utilização sofisticada dos meios de comunicação electrónicos – principalmente a televisão. Tele-evangelistas como Pat Robertson, Jerry Falwell, Jimmy Swaggert e Jim Baker tornaram-se personagens familiares durante os fins da década de 70 e 80. A mensagem evangélica tornara-se de tal modo eficaz que os políticos durante este período usavam-na para os seus propósitos eleitorais. Apesar da sua influência, o cristianismo conservador nunca teve mais de 16 por cento de membros entre a população americana, um número que estabilizou desde os anos 80 até ao princípio dos anos 90.

O catolicismo romano após a Segunda Guerra Mundial

Durante o período pós-guerra, o catolicismo romano seguiu tendências semelhantes. Embora o seu crescimento em todo o mundo tenha sido espectacular, a igreja na Europa e nos Estados Unidos declinava. Ao contrário das Igrejas protestantes, porém, o controlo centralizado do papado permitiu que a Igreja católico-romana reagisse com uma acção concertada. Em 1959, o papa João XXIII (1881-1963) convocou um novo concílio da igreja para servir como um "novo Pentecostes para renovar as energias da igreja". Ironicamente, o Segundo Concílio do Vaticano adoptou muitos elementos do modernismo religioso, e o *aggiornamento* ("actualização") tornou-se a divisa do concílio. De 1962 a 1965, os participantes do Vaticano II pretendiam reavivar o interesse dos leigos na igreja, revigorando o diaconato e a participação dos leigos em geral. A liturgia foi reformada, o Latim foi substituído pelas línguas locais e o padre, que tradicionalmente estava voltado para o altar, virava-se agora para a congregação durante a missa. O concílio também aprovou cautelosamente a crítica maior e as traduções mais acessíveis da Bíblia.

Talvez inadvertidamente, o Vaticano II encorajou uma nova abertura e uma nova disposição dos leigos e baixo clero para questionarem os seus bispos e o resto da hierarquia da igreja. O sentido modernista de muitos dos pronunciamentos aprovados pelo Vaticano II chocou contra a visão conservadora da maioria dos bispos que hesitava em instituir as reformas. Além do mais, estimulados pelo Vaticano II, muitos católicos começaram a pretender reformas ainda mais radicais, apelando ao Vaticano para que este acabasse com as proibições do controlo artificial da natalidade, casamento de elementos do clero, homossexualidade e a ordenação de mulheres. A tolerância do Vaticano em relação a estas dissenções, porém, durou muito pouco tempo. No final dos anos 60, a igreja, sob o papado de Paulo VI, começou a tomar medidas para inverter a tendência modernista. A encíclica papal *Humanae Vitae* (1968), por exemplo, reiterou a proibição pela igreja do controlo artificial da natalidade. Além disso, nas décadas de 70 e 80, o Vaticano procurou controlar ou silenciar os académicos católicos liberais e chefes de igreja que se opunham à hierarquia. As mulheres religiosas que reivindicavam o direito de aborto e a ordenação de mulheres foram também severamente censuradas. Por sua vez, estas insustentáveis posições conservadoras conduziram a um coro crescente de críticas da parte de católicos descontentes que censuravam os métodos autoritários da igreja. De facto, se muitos permanecem ainda leais à igreja, o número de pessoas que abandonam o cristianismo católico, tanto na Europa como nos Estados Unidos, tem aumentado nos últimos tempos.

Cristianismo ortodoxo na Rússia

Surpreendentemente, o único lugar na Europa onde o cristianismo vive um enorme crescimento é na Rússia. Apesar do triunfo do marxismo

O padre Borisov celebra a missa de Domingo na igreja de S. Cosme e Damião, em Moscovo. Desde a derrocada do comunismo em 1989, a Igreja ortodoxa na Rússia viveu um renascimento espiritual.

ateu em 1917 e dos quase setenta anos de perseguição religiosa que se lhe seguiram, a Igreja ortodoxa russa sobreviveu. Quando Mikhail Gorbachev assumiu o poder em 1985, as suas políticas da *perestroika* e *glasnost* foram acompanhadas por um enfraquecimento gradual da pressão política sobre a igreja. Quando a União Soviética finalmente se desintegrou em 1989, a Igreja ortodoxa estava preparada para lançar um renascimento cristão na Rússia. Em certos aspectos tem tido um sucesso espectacular. De facto, entre 1988 e 1993, calcula-se que mais de um terço da população russa com menos de 30 anos abraçou a igreja, e entre 40 a 60 por cento dos 150 milhões de cidadãos russos são agora classificados como crentes. A frequência nos seminários também aumentou, ao mesmo tempo que lentamente se reabrem as velhas escolas religiosas. Além disso, o número de templos em Moscovo elevou-se de 47 em 1991 para 370 em 1997, e foram dispendidos 300 milhões de dólares para reconstruir a Catedral de Cristo, o Salvador, de Moscovo, destruída em 1931 por José Estaline[5].

O renascimento da ortodoxia russa não deixa, porém, de ter os seus aspectos problemáticos. Alguns dos críticos da igreja afirmam que ela está rapidamente a perder a sua autonomia relativamente ao governo e que pode vir a tornar-se numa ferramenta política, como o foi no antigo regime czarista. Além disso, após décadas de perseguição comunista, a igreja que surgiu é agora agressivamente conservadora. Os chefes da igreja não hesitam em esmagar os dissidentes nas suas fileiras, e alguns deles agem activamente para que a ortodoxia se torne a única opção religiosa da Rússia. Recentemente, por exemplo, o Parlamento russo introduziu uma nova legislação que não só pretende restabelecer a Igreja ortodoxa russa, como também banir da Rússia as chamadas "seitas ímpias" do protestantismo. Para muitos Russos, isto foi, surpreendentemente, uma questão muito popular. De facto, até mesmo o sobrevivente Partido Comunista tentou ganhar o apoio ortodoxo ao prometer que, se regressasse ao poder, acabaria com a maré de missionários estrangeiros e não-ortodoxos na Rússia. É ainda muito cedo para dizer, no entanto, até que ponto chegará este chauvinismo religioso, ou mesmo se o renascimento da ortodoxia russa poderá sobreviver ao desvanecimento da euforia que acompanhou a queda do sistema soviético.

O cristianismo e a Idade Moderna

Como vimos neste capítulo, a tradição cristã sofreu imensas mudanças durante a Idade Moderna. A modernidade colidiu de muitas maneiras com as antigas visões cristãs pré-modernas do mundo, e muitos dos dilemas criados por este conflito resultaram ainda numa maior diversificação da tradição. Além disso, à medida que se põe cada vez mais em questão o valor da modernidade, e que o Ocidente entra num período mais propriamente chamado "pós-moderno", este processo entrou já numa nova fase e atingiu uma nova complexidade. No último capítulo, investigaremos alguns dos impactos do "pós-modernismo" no cristianismo, principalmente no que respeita às suas crenças e práticas tradicionais. Antes disso, porém, temos de lidar com outro aspecto da história cristã durante a Idade Moderna. É um aspecto no qual quase não tocámos, mas que se mostrará tão importante para o desenvolvimento futuro da tradição como o foi o embate contra a modernidade. Trata-se da globalização do cristianismo.

A globalização do Cristianismo — 6

Introdução

Nos arredores da cidade de Iamussucro, a capital administrativa da Costa do Marfim, na África ocidental, encontra-se uma visão surpreendente. Numa clareira de floresta perto dos arredores da cidade, ergue-se majestosamente o maior templo do mundo – a basílica católico-romana de Nossa Senhora da Paz. Construída no estilo pós-renascentista, a basílica tem um comprimento de 190 metros e a sua cúpula eleva-se a 160 metros – tornando-a 30 metros mais alta do que a basílica de S. Pedro, em Roma. Todo o complexo da basílica é precedido por um adro de 37.000 metros quadrados pavimentado com mármore italiano e parcialmente rodeado por filas de 128 colunas dóricas, cada uma com 25 metros de altura e três de largura. Cabem no adro cerca de 300.000 pessoas e a própria basílica acomoda no seu interior 7000 fiéis. Construída em menos de quatro anos por um exército de 1500 operários especializados, diz-se que a basílica custou entre 100 e 200 milhões de dólares. Felix Houphouet-Boigny, Presidente da Costa do Marfim e mentor do projecto, construiu a basílica como oferta ao Vaticano e expressava a esperança de ela se tornar um destino de peregrinação não só para os católicos africanos, mas também para os cristãos de todo o mundo[6].

Embora possa parecer surpreendente encontrar o maior templo do mundo em África, isto simboliza uma característica fundamental do cristianismo que se aproxima do seu terceiro milénio: pela primeira vez em mais de mil anos, a maioria dos cristãos do mundo não tem origens europeias. O Ocidente já não é o centro do cristianismo. Como comentou recentemente um observador: "Em meados do próximo século... o cristianismo enquanto religião mundial terá o seu centro de gravidade

A basílica católico-romana da Nossa Senhora, na Costa do Marfim, é o maior templo do mundo. Apesar da sua localização em África, a basílica é gerida por ocidentais.

nas latitudes equatoriais e do Sul, e todas as grandes confissões, excepto provavelmente a Igreja ortodoxa, deverão ver estas áreas como as suas terras centrais..."[7] . Actualmente, seis em cada dez cristãos encontram-se fora da Europa e dos Estados Unidos. O facto de o maior templo do mundo já não se encontrar no Ocidente é portanto ajustado, já que a maior população de cristãos não se encontra no Ocidente.

A basílica de Nossa Senhora da Paz é, porém, um símbolo ambíguo. Pois, apesar da sua localização africana e da nacionalidade do seu patrono, a basílica reflecte o contínuo controlo que o Ocidente exerce sobre o cristianismo não-ocidental. A basílica, por exemplo, é inteiramente composta de um corpo de clérigos polacos, e a maior parte dos seus custos de manutenção são financiados por fontes ocidentais. Talvez ainda mais explícito são os factos de a arquitectura da basílica ser totalmente de tradição ocidental, a sua liturgia incorporar poucas formas rituais locais, e apenas uma das numerosas figuras que aparecem nos trinta e seis enormes vitrais da basílica ser negra.

O cristianismo, certamente, há muito que tem uma presença fora do Ocidente. Desde os tempos dos primeiros apóstolos, a mensagem cristã foi levada muito para além dos limites da bacia mediterrânica, e, na Idade Média, podiam-se encontrar comunidades cristãs desenvolvidas na Ásia e na África. No entanto, as missões cristãs mais intensas

As diferentes proporções de cristãos no mundo, de 1900 a 2000.

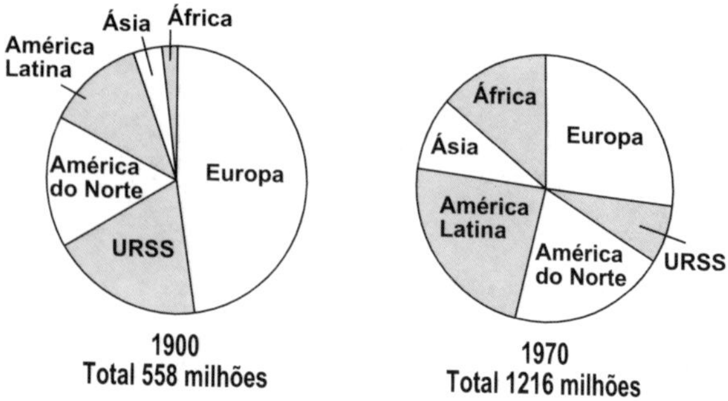

começaram na Idade Moderna. Com a descoberta do Novo Mundo pelos europeus no século XV, o cristianismo católico-romano alastrou rapidamente para as Américas. Durante os séculos seguintes, as missões católico-romanas continuaram a aumentar não só nas Américas, mas também na Ásia e na África. Mesmo quando a Reforma protestante abalou a integridade do cristianismo ocidental nos séculos XVI e XVII, a Igreja católico-romana estabeleceu com sucesso missões no Sudeste Asiático e em África. No Novo Mundo, grande parte do Canadá, México e América Central e do Sul foram convertidos ao catolicismo romano. Com início no século XVIII, os protestantes europeus e depois americanos, estimulados por revivalismos sucessivos, também começaram a fazer extensas missões. Várias confissões protestantes desenvolveram sociedades missionárias sofisticadas, muitas vezes formando para esse efeito alianças confessionais de cooperação. Criando burocracias eficazes e com um enorme apoio financeiro, as sociedades missionárias protestantes conseguiram alastrar o cristianismo protestante para a maior parte do mundo não-ocidental no século XIX. Assim, perto do final do século XX, quase não existe um canto no globo que não tenha sido visitado por uma missão cristã.

Não por acaso, as missões cristãs ao mundo não-ocidental acompanharam a ascensão dos impérios coloniais ultramarinos. Na verdade, os governos ocidentais viam a cristianização como o modo mais rápido para obter o domínio político e económico sobre os povos não-cristãos. Os missionários trabalhavam conjuntamente com os administradores coloniais para exercerem o domínio, convencidos de que o controlo ocidental acabaria por beneficiar os povos "atrasados". A cristianização assumiu muitas vezes traços de ocidentalização, e esta era a atitude patente da maioria dos missionários. Na ressaca da Segunda Guerra Mundial, porém, os velhos impérios coloniais começaram a desintegrar-se e, no final da década de 60, o processo de descolonização estava substancialmente concluído. Em certos casos, este foi um processo

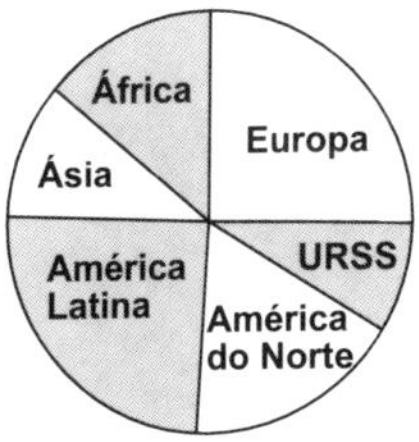

1985
Total 1548 milhões

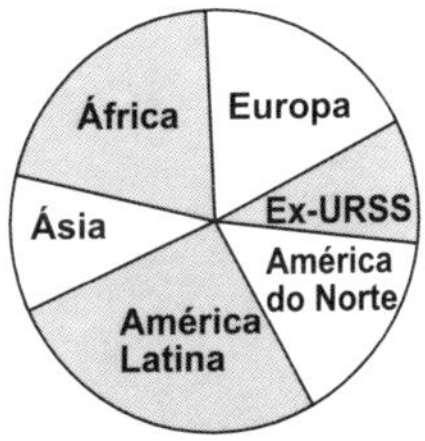

2000
Total 2020 milhões

pacífico; em outros, foi precedido de sangrentas guerras de libertação. Independentemente do modo como se tenha processado a descolonização, o processo desencadeou, pela parte de todos os povos recém independentes, uma revisão de todos os aspectos da cultura ocidental – incluindo o cristianismo. A longa associação do cristianismo com o colonialismo ocidental tornou-se assim numa questão quente no mundo não-ocidental, e em certos casos a prática do cristianismo foi oficialmente desencorajada por ser estrangeira e um obstáculo para uma completa descolonização.

Apesar disso, a maioria dos cristãos não-ocidentais não rejeitou a tradição e, na verdade, o crescimento pós-colonial do cristianismo foi explosivo. Uma razão para este crescimento foi o facto de os cristãos não-ocidentais terem feito esforços concertados para criarem expressões mais indígenas do cristianismo. Isto significava a criação de novas e mais localizadas instituições eclesiásticas, um empenhamento em formar sacerdotes indígenas, assim como a criação de novos símbolos e rituais que reflectissem os contextos culturais locais. A criação de novas formas de cristianismo, certamente, não é uma tarefa fácil. Tal como nos é sugerido pela basílica de Nossa Senhora da Paz, é difícil abalar o contexto cultural ocidental de onde surgiu o cristianismo. Além disso, a liderança das confissões cristãs maioritárias está estabelecida ainda no Ocidente, e a maior parte desta resiste fortemente ao controlo local. No entanto, o processo de criação de novas formas não-ocidentais de cristianismo continua a desenvolver-se a passo acelerado. Em certos casos, este processo ocorre mesmo no interior das estruturas confessionais tradicionais; noutros, surgem formas de cristianismo totalmente novas, muitas das quais constituídas por misturas sincréticas de crenças e práticas indígenas. Em todos os casos, o processo centenário de diversificação cristã está a acelerar. Neste capítulo investigaremos a história da Igreja cristã entre os povos indígenas das Américas, Ásia e África.

Cristianismo na América Latina

As missões católico-romanas às Américas, primeiro nas Caraíbas e pouco depois no próprio continente latino-americano, seguiram-se às conquistas espanholas e portuguesas do século XVI, Latina. Os espanhóis encontraram vários povos indígenas que manifestavam um desenvolvimento social muito diversificado. No México, Guatemala e Peru, os Aztecas, Maias e Incas tinham formado sofisticadas civilizações urbanas que rivalizavam com as europeias. Uma miríade de rotas comerciais estendia a influência destas altas civilizações para as terras interiores. Subjacente a estas civilizações estava também uma larga variedade de crenças e instituições religiosas que se tinham desenvolvido durante séculos, nunca antes perturbadas por forças externas. Tanto os conquistadores como os missionários católicos tinham pouco interesse em compreender a complexidade da cultura que se apresentava diante de si. Para os primeiros, a prioridade era estabelecer o controlo político e económico; para os últimos, a prioridade era salvar almas das "garras de Satanás". Trabalhavam conjuntamente, e ambos provocaram a rápida devastação das culturas indígenas.

Mas apesar dos grandes esforços dos missionários católicos para os erradicar, os conceitos, símbolos e crenças indígenas nunca se perderam completamente. Muitos misturaram-se gradualmente em práticas católicas locais. No caso do México, por exemplo, pode citar-se a peregrinação ao Monte Tepeyac, na Cidade do México. De acordo com a lenda, um índio chamado Juan Diego testemunhou nesse local uma aparição da Virgem Maria em 1534. Como resultado desse encontro, a roupa de Juan Diego apresentava miraculosamente impressa a imagem da Virgem com a pele escura. Até hoje, milhões de crentes católicos visitam este local para ver a imagem em Tepeyac, que se exibe agora numa enorme basílica construída para esse efeito. O que a lenda de Juan Diego não nos diz é que, muito antes da chegada dos Espanhóis, o Monte Tepeyac já era venerado pelos Aztecas, consagrado à deusa Tonantzin ("Nossa Mãe"). Muitos estudiosos modernos afirmam, como muitos dos primeiros missionários católicos suspeitavam, que a veneração da Virgem de Guadalupe em Tepeyac é em parte a sobrevivência, sob um aspecto diferente, de uma antiga divindade Azteca. Isto era o que acontecia em toda a América Latina, onde os povos indígenas procuravam, deliberadamente ou não, preservar alguma coisa da sua religião por meio de uma apropriação criativa e reinterpretação dos símbolos católicos.

Durante séculos, o catolicismo romano gozou de um monopólio

espiritual no Novo Mundo latino. Com a independência no século XIX, a América Latina fragmentou-se em várias repúblicas, e muitas destas pretendiam reduzir o poder da igreja. A élite crioula de cada república procurava controlar a igreja, tal como o rei fazia no passado. Depois de gozar um período de 400 anos de hegemonia inquestionável na América Latina, a Igreja católico-romana começou a vacilar.

Durante o século XX, porém, a Igreja católica começou lentamente a retomar a sua posição na América Latina. O Vaticano II, em especial, teve um grande impacto na Igreja da América Latina. Durante séculos, tanto nos períodos coloniais como nos republicanos, a Igreja católico-romana na América Latina foi essencialmente uma organização conservadora, defendendo os direitos e privilégios da élite. Durante o Vaticano II, porém, o Concílio apelou a uma maior preocupação pela justiça social em todo o mundo e por um maior activismo do clero e leigos relativamente aos pobres. Na América Latina, este apelo a uma maior justiça social deu origem à **Teologia da Libertação**. Para os teólogos da libertação como Leonardo Boff e Jon Sobrino, o pecado é o resultado não só de erros pessoais, mas também de desigualdades sociais. Os católicos, por conseguinte, deviam lutar pela justiça social assim como lutavam contra o pecado pessoal. Em certos casos, padres e freiras participaram activamente em movimentos revolucionários violentos. Na maior parte das vezes, porém, a igreja começou a lutar pela justiça social na América Latina através de modos menos radicais. Por exemplo, numa série de conferências episcopais nos anos 70 e 80, os chefes da Igreja da América Latina delinearam estratégias de longo prazo a fim de direccionar a obra pastoral para os económica e politicamente oprimidos das Américas. A teologia da libertação acabou por ter um forte impacto não só na América Latina, como também nas Filipinas e África do Sul.

Após 500 anos de influência católica, não surpreende o facto de actualmente 91,8 por cento da população da América Latina se identificar como católica[8]. No entanto, este número está agora a começar a diminuir à medida que cada vez mais latino-americanos se voltam para o protestantismo. Talvez o crescimento mais espectacular entre os grupos protestantes seja o do **pentecostalismo**, que é um movimento sectário protestante que salienta a importância de se ser possuído pelo Espírito Santo. O pentecostalismo surgiu nos Estados Unidos durante a primeira década deste século. Depois alastrou-se rapidamente para a América do Norte e Caraíbas, e, em décadas recentes, para a América Latina. Actualmente, o pentecostalismo reivindica cerca de 70 por cento dos dezoito milhões de protestantes da América Latina.

Os movimentos pentecostais da América Latina têm habitualmente origem nas classes económicas mais baixas, operários e desempregados. Muitos são atraídos pela ênfase pentecostal na participação espontânea no culto e nas experiências religiosas imediatas, como entrar em êxtase e falar em línguas desconhecidas do participante. Uma das principais razões para o crescimento destes movimentos é o facto de eles assentarem num sacerdócio fundamentalmente leigo – todos aqueles que são tocados pelo Espírito Santo podem ser sacerdotes. Por esta razão, o pentecostalismo desenvolve espontaneamente o seu corpo eclesiástico indígena. Além disso, apesar do facto de terem algum apoio financeiro externo (vindo principalmente dos Estados Unidos), os grupos pentecostais costumam ser pequenos, austeros e bastante autónomos[9].

Alguns apontam os seus elementos sincréticos para explicar a popularidade do pentecostalismo. Para os estudiosos da religião, o facto de o pentecostalismo realçar o ser tomado pelo Espírito, a cura pela fé e a crença em espíritos maus, parece sugerir que existe uma continuidade com as tradições indígenas ameríndias e africanas. Pode ser este o caso, mas os membros destes movimentos costumam ser cristãos muito ortodoxos no que respeita às suas práticas e símbolos rituais. Existem, de qualquer modo, tradições cristãs há muito estabelecidas na América Latina que são claramente sincréticas. Nas Caraíbas encontram-se muitos exemplos de tradições que misturam o cristianismo católico com ideias e símbolos religiosos de tradição africana. A devoção cubana pelos santos, por exemplo, é uma mistura de crenças religiosas ioruba (África ocidental) e catolicismo. O vodu haitiano representa uma mistura de divindades nigerianas, beninenses e zairenses com o culto de santos do catolicismo romano. De igual modo, o xangô (Trinidade) e o umbanda (Brasil) são também cristianismos fortemente sincréticos. Em todas estas tradições há ênfase na posse pelo Espírito, no xamanismo e na cura pela fé, e todas têm seguidores fora do seu país de origem.

Missões cristãs junto dos nativos americanos na América do Norte

O cristianismo entre os povos nativos da América do Norte é normalmente ignorado nas discussões acerca do cristianismo não-ocidental. Ao longo do período colonial, os nativos americanos foram alvo dos esforços missionários de Espanhóis, Franceses e Ingleses. Com a fundação dos Estados Unidos, o governo federal utilizava frequentemente os missionários como agentes entre os Índios e estes tinham grande influência nos assuntos índios. O governo federal empregava, para esse efeito, tanto católico-romanos como protestantes. Actualmente, quase não existe nenhuma tribo nativa americana que não tenha sido tocada pelo cristianismo, embora com vários graus de aceitação. Um dos primeiros povos da América do Norte que receberam uma missão, os *Pueblos* do Sudoeste, resistiu fortemente aos avanços dos missionários franciscanos no século XVII. De facto, a certa altura, os *Pueblos* revoltaram-se contra o controlo espanhol e contra as conversões forçadas, e conseguiram manter os Espanhóis afastados durante décadas. Mesmo depois de os Espanhóis terem reassumido o controlo, os *Pueblos* continuaram a praticar a sua religião tribal em segredo, ao mesmo tempo que, em público, praticavam o cristianismo católico.

Por outro lado, outras tribos nativas americanas adoptaram o cristianismo, de modo que actualmente a suas religiões tradicionais são pouco praticadas. Os *Iaqui* do Arizona e os *Cherokee* da Georgia, por exemplo, adoptaram em massa o cristianismo durante o período colonial. A maior parte das tribos, porém, foi convertida aos poucos, um indivíduo de cada vez, e só depois de várias gerações é que uma tribo inteira mudava a sua identificação religiosa. É, talvez, em parte por esta razão que, mesmo hoje, quando se reavivam as religiões tribais, muitos nativos americanos decidem manter-se cristãos. De facto, Black Elk (c. 1863--1950), talvez a mais conhecida personagem religiosa nativa americana, passou a maior parte da sua vida como catequista católico. Actualmente, uma elevada percentagem de nativos americanos identifica-se em primeiro lugar como cristã[10].

Os nativos americanos também enfrentaram os desafios da cristianização de modos mais criativos do que a simples rejeição ou aceitação. Desde o período colonial até aos nossos dias, muitos dos novos movimentos religiosos entre os nativos americanos possuem um alto grau de mistura sincrética de simbolismo cristão e práticas nativas americanas. A religião dos *Iroqueses*, por exemplo, evoluiu a partir do *Gaiwiio* ("Boa Nova") revelado a um *Seneca* carismático chamado Handsome Lake (1735-1815). O movimento Dança dos Espíritos, que traria consequências trágicas para os índios *Sioux* em Wounded Knee, em 1890, surgira uma década antes com um *Paiute*, chamado Wovoka, que afirmava que a dança lhe fora revelada por uma personagem parecida com Jesus. A mais dinâmica nova religião nativa americana, porém, é a Igreja nativa americana, que possui configurações cristãs e não-cristãs. A Igreja nativa americana centra o seu ritual no uso de *peiote*, um tipo de cacto sem espinhos que tem moderados efeitos alucinogénicos quando ingerido. Durante séculos, os índios do norte do México usaram o *peiote* como parte dos seus complexos ritos religiosos. No século XIX, o uso ritual do *peiote* alastrou aos Estados Unidos onde foi formalmente adoptado pela Igreja nativa americana. Apesar dos esforços concertados do governo dos Estados Unidos para a sua supressão, o novo movimento aumentou e tem servido como um meio de unificação das tribos nativas americanas. Curiosamente, muitas congregações locais incorporaram elementos do cristianismo nas suas práticas. Por exemplo, o uso de *peiote* é muitas vezes comparado ao sacramento cristão da eucaristia, e o espírito do *peiote* é muitas vezes identificado com Jesus. As leituras da Bíblia são também uma característica comum das cerimónias do *peiote*. O que é verdadeiramente notável relativamente a estas congregações sincréticas é o facto de serem completamente aceites no seu todo pela Igreja nativa americana. Estas congregações centradas em Cristo são consideradas simplesmente como mais uma variação tribal entre muitas outras dentro do movimento.

Cristianismo na Ásia

Das três regiões que consideramos neste capítulo, a Ásia foi a que menos sofreu a influência cristã. Os cristãos perfazem uma média de apenas 3,5 por cento da população de cada um dos países da Ásia. No entanto, devido ao elevadíssimo número da população da região, os asiáticos representam 10 por cento da população cristã mundial. Os cristãos nestorianos começaram por estabelecer-se na China no século VII e a sua igreja conservou-se durante dois séculos. No século XIV, renovou-se o interesse cristão na China quando uma missão franciscana se deslocou a Pequim num esforço vão para converter Kubla Cão. No século XVI, a Espanha tomou o controlo sobre o arquipélago das Filipinas e este transformou-se num fiel país católico. Durante os séculos XVI e XVII, os jesuítas levaram missões à China e ao Japão, e, durante algum tempo, conseguiram fundar pequenas congregações nestes dois países. A obra de Francisco Xavier (1506-52), por exemplo, teve um sucesso considerável no Japão até a perseguição aos missionários ter travado o crescimento do cristianismo em 1597.

Foi só quando se deu a massiva expansão colonial do Ocidente no século XIX que o cristianismo começou outra vez a fazer grandes progressos na Ásia fora das Filipinas. Depois de as Guerras do Ópio de 1840 terem permitido às potências ocidentais ganhar o domínio colonial da China, missionários católicos e protestantes da Europa e dos Estados

Unidos estabeleceram-se em quase todas as províncias deste país. Apesar dos abundantes recursos da China e da longa presença de missionários ocidentais, o crescimento foi lento e só algumas congregações conseguiram enraizar-se em solo chinês. Tudo se tornou mais difícil para a expansão cristã após a Revolução Chinesa ter levado os comunistas ao poder em 1949. Oficialmente ateu, o governo permitia que as igrejas operassem apenas segundo condições muito restritas, e a perseguição ao clero e aos membros da igreja ainda continua hoje. Actualmente, calcula-se que existam entre três e cinco milhões de cristãos na China[11].

Noutras zonas, os sucessos cristãos foram apenas mínimos devido a obstáculos políticos e culturais. Em todos os casos da Ásia, com a possível excepção das Filipinas, o lento crescimento do cristianismo deve-se, talvez, ao seu estatuto de estrangeiro e à sua indelével associação ao imperialismo ocidental. Por ironia, precisamente devido à sua origem estrangeira, o cristianismo funcionou como religião de protesto em alguns países asiáticos. A Coreia é disto um exemplo interessante. Durante o início da era moderna, a Coreia resistiu à influência cristã e ocidental. Por fim, a Coreia foi colonizada por uma potência não-ocidental, o Japão. Durante o período de ocupação japonesa (1910-45), os missionários presbiterianos e metodistas progrediram bastante, convertendo milhões de Coreanos. Porquê? Talvez o budismo estivesse demasiado associado aos opressores coloniais da Coreia, os Japoneses. O cristianismo, enquanto tradição estrangeira, acabou por funcionar como uma religião de protesto contra a influência estrangeira. Actualmente, existem mais de 14 milhões de cristãos na Coreia.

O sincretismo foi também um factor de crescimento do cristianismo na Ásia. A rebelião Tai Ping de Hung-hsiu Chuan (1813-64), por exemplo, utilizou misturas do simbolismo cristão, tauísta e budista. Mais recentemente, no Vietname, encontramos o caodaísmo, uma mistura de budismo, tauísmo e catolicismo romano. Talvez o mais interessante, e efectivamente o mais bem sucedido, movimento sincrético religioso contemporâneo é a Igreja da Unificação, que teve origem na Coreia. A Igreja da Unificação foi fundada em 1954 pelo reverendo Sun Myung Moon (n. 1920). Alguns anos antes, no Dia de Páscoa, em 1936, Moon disse que Jesus lhe aparecera e lhe pedira para assumir a responsabilidade de estabelecer o Reino de Deus na Terra. Nas décadas seguintes, Moon comunicou também com outros chefes religiosos como Buda e Moisés, e, numa ocasião, com o próprio Deus. A partir destes encontros, Moon desenvolveu um conjunto de ensinamentos religiosos publicado como o *Princípio Divino*. Neste, Moon estabeleceu uma religião milenarista e messiânica dedicada à unificação do mundo, antecipando o estabelecimento do Reino de Deus. A mensagem de Moon tornou-se tão popular, e ele era de tal modo eficaz a promovê-la, que no final da década de 60 Moon liderava um movimento religioso global, conhecido como Tong Il na Coreia e, no Ocidente, como Igreja da Unificação. Nos anos 70, os *moonies* afirmavam que o número dos seus membros era de 30.000, dos quais 5000 só nos Estados Unidos[12].

Cristianismo em África

Uma das primeiras igrejas cristãs nacionais no mundo era africana. Segundo a lenda, a Igreja etíope foi fundada por missionários Sírios no século IV e sobrevive ainda hoje. Apesar deste facto, na maior parte da história de África o cristianismo teve um fraco impacto. A ascensão do Islão no século VII esmagou as Igrejas cristãs tradicionais do norte de África. O islamismo tornou-se rapidamente na religião maioritária no Norte de África e actualmente 42,5 por cento da população de todo o continente africano identifica-se como muçulmana[13]. A África subsariana, por outro lado, manteve-se sem missões, tanto islâmicas como cristãs. Este facto deveu-se, em parte, à força das tradições religiosas indígenas. Outro factor foi o aparecimento do tráfico de escravos promovido por traficantes islâmicos e cristãos. Para converter grandes porções da África subsariana, grande parte da população tinha de ser posta de lado como alvo potencial da escravatura. Fazia mais sentido, em termos económicos, e reduzia os problemas éticos dos muçulmanos e cristãos se apenas os "pagãos" fossem escravizados. Só os católicos portugueses fizerem esforços concertados para evangelizar os africanos. Estes mantiveram missões na costa ocidental de África, do século XVI ao século XVIII, mas o seu impacto foi diminuto.

Com o desaparecimento do comércio mundial de escravos nos séculos XVIII e XIX, a situação na África subsariana começou a mudar gradualmente. Nesta altura, os chefes islâmicos não tinham nem interesse político nem recursos para estabelecer missões na África subsariana, pois já era difícil para os muçulmanos manter as posições nos seus próprios territórios devido à pressão do colonialismo ocidental. O Ocidente, por outro lado, tinha a vontade política e os recursos para suportar a cristianização de África, e o estabelecimento de missões a larga escala começou no início do século XIX. Esta missionação começou por ser principalmente realizada por protestantes. Em 1827, por exemplo, o Colégio de base anglicana e metodista, Fourah Bay, fundado na Serra

Leoa, foi transformado em seminário para africanos negros. Ao longo dos anos, este seminário produziu uma série de clérigos e missionários proeminentes que estabeleceram uma rede de comunidades cristãs na costa ocidental de África. A maior parte da missionação ocidental, porém, manteve-se nas mãos de missionários brancos. Chegando a África às centenas, se não mesmo aos milhares, por volta de 1890, trabalhavam arduamente para construir templos, escolas e hospitais, e para traduzir partes da Bíblia para as muitas línguas locais. Com o tempo, igualmente, a Igreja católico-romana renovou os seus esforços missionários em África, e se o século XIX e princípio do século XX foram a idade de ouro das missões protestantes, a segunda metade do século XX foi a idade de ouro para as missões católicas em África. Actualmente, o catolicismo é a maior confissão em quase todos os países africanos. Todos juntos, são hoje uma população cristã de mais de 150 milhões de pessoas, com os cristãos a constituírem a maioria da população em países tão diversos como o Zaire, Gana, Togo, Uganda, Zimbabué, Namíbia, Angola e África do Sul.

Parte do crescimento fenomenal do cristianismo em África deve--se à presença do vigoroso movimento da Igreja africana independente, cujas raízes remontam ao século XIX. Este movimento surgiu como uma tentativa para reconquistar o controlo político, económico e psicológico perdido para o colonialismo ocidental. Algumas igrejas pertencentes ao movimento independente representam cismas relativamente às missões anglicanas, metodistas, presbiterianas e baptistas. A maior parte dos movimentos cismáticos conservou a liturgia e a estrutura das igrejas dos grupos de onde emergiram. O que estava em causa nestes cismas, em primeiro lugar, era a ausência de controlo e promoção na hierarquia por parte de africanos, e também o grave problema do analfabetismo. Os chefes destes movimentos adoptaram a designação de "africano" ou "etíope" para simbolizar o facto de os seus movimentos serem tentativas deliberadas para criar uma espécie de cristianismo protestante adequado a África.

Um destes movimentos foi o incrivelmente popular revivalismo africano ocidental ou Balokole ("o Salvo"). Rompendo com a missão anglicana no Ruanda, nos anos 30, o revivalismo desenvolveu uma liturgia anglicana modificada e uma estrutura organizacional com base nas aldeias. O catolicismo romano também não estava completamente imune a esta tendência para o maior controlo africano através do cisma. No Zaire, o franciscano Pleiade Tempels (n. 1906) fundou um movimento chamado em suaíli *Jamaa* ("família"). Em 1953, este movimento tornara-se substancialmente independente da Igreja católica.

Embora ortodoxo no seu catolicismo, o *Jamaa* salientava a importância do controlo local. Novos movimentos semelhantes irromperam no Quénia (a Legião de Maria) e na Zâmbia (a Igreja católica do Sagrado Coração).

Além das rupturas em relação às confissões dominantes, outras igrejas formaram-se sob a influência de seitas cristãs mais pequenas, muitas delas dos Estados Unidos. Várias igrejas "sionistas" independentes na África do Sul, por exemplo, retiram as suas raízes da obra missionária da Igreja Católica Cristã Evangélica, fundada por John Alexander Dowie em 1896, em Zion City, Ilinóis. O movimento mais difundido na África subsariana, a Igreja da Atalaia ou *Kitawala*, vai buscar as suas raízes aos primeiros missionários Testemunhas de Jeová que chegaram a África no princípio deste século. O forte milenarismo do *Kitawala* despertou o interesse de muitos fiéis, e actualmente podem encontra-se grupos deste movimento em todo o centro e sul de África.

O movimento religioso independente em África tem também as suas manifestações de origem mais popular. Estes movimentos costumam concentrar-se em redor da liderança de profetas carismáticos locais e enfatizam a cura pela fé. O exemplo talvez mais famoso deste tipo de igreja independente foi a igreja formada no despertar da carreira profética de um professor liberiano, William Wade Harris (1865-1929). Harris, que era metodista, teve várias visões nas quais o anjo Gabriel lhe ordenava que convertesse a costa ocidental de África. Adoptando um estilo de vida asceta, Harris tornou-se um curandeiro e evangelista viandante, pregando um simples monoteísmo cristão e prometendo aos seus ouvintes uma vida melhor se abandonassem os seus "ídolos pagãos" e práticas tradicionais. Após um ano de pregação, Harris conseguiu baptizar milhares de pessoas, e, apesar do facto de Harris não ter fundado qualquer igreja, surgiu espontaneamente uma Igreja "harrista" que ainda hoje existe. A carreira profética de Harris tornou-se o modelo para inúmeros movimentos proféticos que surgiriam depois em toda a África no século XX, como a Igreja Kimbanguista, no Zaire, a Igreja Aladura ("gente de oração"), na Nigéria, e a Igreja Lumpa, na Zâmbia. Podiam citar-se outras igrejas independentes com raiz popular, e em muitas delas o fundador profético é identificado como o novo Messias e arauto do milénio. Actualmente, surgem ainda novas igrejas independentes, contribuindo assim para a diversidade do cristianismo de raízes africanas.

Em muitos casos, o problema com o cristianismo missionário ocidental não era a falta de chefes indígenas, mas antes a falta de respeito pelas crenças e práticas tradicionais manifestada pelos missionários. Por conseguinte, vemos surgirem muitas igrejas independentes que, além de reagirem a uma chefia carismática, pretendem também criar uma mistura harmoniosa entre os símbolos religiosos indígenas e os símbolos cristãos. Nestas igrejas neotradicionais, crenças e práticas como o culto dos antepassados, alimentos tabus, crença na feitiçaria e, em certos casos, poligamia, foram todas conservadas e integradas num contexto cristão. Entre os exemplos mais bem sucedidos destas igrejas neotradicionais incluem-se a Église de Dieu de Nos Ancêtres (Igreja do Deus dos Nossos Antepassados), no Zaire, e a Église des Banzie (Igreja dos Iniciados), no Gabão. Muitas outras igrejas neotradicionais surgiram espontaneamente em aldeias e cidades por toda a África, mas, devido à natureza muito local das suas crenças e práticas, mantêm-se inacessíveis.

Ironicamente, em muitos casos o processo sincrético envolvido na criação destes grupos neotradicionalistas foi facilitado pela leitura de traduções da Bíblia. Escrita de um modo mais próximo dos habitantes da África rural do que dos missionários ocidentais, a Bíblia foi também lida de um modo mais literal pelos africanos rurais comuns. As visões, sonhos, milagres, magias e feitiçarias que abundam no *Antigo* e no *Novo Testamento* não tinham de ser interpretados alegoricamente, mas eram aceites como corolários de crenças e práticas locais. Mesmo a poligamia, prática considerada repugnante pelos ocidentais, encontra precedentes nos exemplos de David e Salomão no *Antigo Testamento.* Apesar de décadas de desencorajamento pelos missionários ocidentais, as igrejas neotradicionais independentes apenas tinham de apelar à autoridade da própria Bíblia para se defenderem das acusações ocidentais de sincretismo. Na verdade, o mundo pré-moderno dos povos não--ocidentais está muito mais próximo do dos autores da Bíblia do que o mundo dos missionários ocidentais, cuja visão do mundo representa um compromisso entre a modernidade e o cristianismo.

O futuro do cristianismo mundial

À medida que entra no seu terceiro milénio, o cristianismo tende a ser uma verdadeira religião mundial. O que pode isto representar para a tradição como um todo? É difícil de dizer, certamente, mas as próximas décadas serão decisivas para a determinação do percurso futuro da tradição. Como é sugerido neste capítulo, o maior desafio para a tradição encontra-se, talvez, na evolução das relações entre cristãos ocidentais e não-ocidentais. Como vimos, apesar da descolonização, os ocidentais continuam ainda a influenciar e, de certo modo, a controlar os destinos dos cristianismos não-ocidentais. Muitas igrejas pós-coloniais

ARTE EM FOCO

Expressões do Cristianismo na arte

Ao longo da sua história, o cristianismo integrou-se em muitas culturas diferentes, e cada uma delas expressava a mitologia e conceitos cristãos por meio das suas próprias formas artísticas. Em cada caso, certamente, houve uma tendência para considerar como norma os estilos artísticos locais dessa arte. Quando, por exemplo, o cristianismo se estabeleceu no mundo celta, no século V, os cristãos latinos consideravam a muito complexa e estilizada arte religiosa celta inadequada à fé. A arquitectura religiosa não-românica, a norte dos Alpes, era depreciativamente chamada "gótica", pelos cristãos lombardos medievais. Do mesmo modo, os primeiros missionários ocidentais que trabalharam na América Latina, Ásia e África desencorajavam frequentemente as produções locais que usavam motivos, técnicas e materiais indígenas, pretendendo assim impor os valores estéticos ocidentais quando se tratava de arte religiosa. Tal como se pode ver na Basílica da Nossa Senhora, na Costa do Marfim, estas atitudes ainda não desapareceram completamente nos dias de hoje. No entanto, actualmente, com a compreensão crescente de que a subjectividade e a tendência etnocêntrica são partes da criação de juízos estéticos, começou a existir uma vontade cada vez maior, da parte dos ocidentais, em aceitar representações culturalmente diferentes dos símbolos cristãos e, usando os seus termos, uma apreciação cada vez maior da beleza intrínseca desta arte religiosa.

Este baixo-relevo em madeira da Última Ceia foi talhado pela tribo tutsi, na África oriental.

utilizam ainda as línguas europeias dos seus colonizadores e a teologia e liturgia estão ainda muito dependentes dos vocabulários teológicos e filosóficos ocidentais. Além disso, os cargos mais altos estão, normalmente, nas mãos de ocidentais. Provavelmente isto continua assim por várias razões. A maioria dos membros não-ocidentais da igreja é predominantemente pobre, jovem (42 por cento da população do Terceiro Mundo tem menos de 15 anos) e não tem acesso à educação[14].

Existe, porém, uma consciência crescente entre as confissões históricas de que o domínio ocidental está a afastar os fiéis das principais confissões cristãs. Na América Latina, os chefes do catolicismo romano vêem milhares destes abandonarem a sua igreja todos os anos para se juntarem a alternativas, como o pentecostalismo, que oferecem mais controlo e participação locais. Em África, diz-se que anualmente mais de 450.000 pessoas deixam as confissões católicas e protestantes para se tornarem membros do crescente movimento da igreja independente, que todos os anos recebe cerca de 100 novas confissões. Como resposta, as confissões históricas fizeram grandes esforços para criarem um clero indígena e promover os não-ocidentais nas hierarquias. Na Igreja católico-romana, por exemplo, o número de bispos asiáticos e africanos aumentou de 33, em 1951, para mais de 700 hoje em dia. Podem citar-se estatísticas semelhantes também relativamente a muitas confissões pro-testantes históricas.

No entanto, o crescimento das novas igrejas fora do Ocidente tem sido mais uma resposta ao desejo de aculturação do que ao desejo de controlo administrativo. Como vimos neste capítulo, tem existido uma grande ânsia de harmonizar o cristianismo com crenças e práticas locais. Como historicamente o cristianismo tendeu a defender ideias e práticas ortodoxas, a diversificação, quer seja por meio do desenvolvimento doutrinal ou por meio do sincretismo, sofreu sempre uma oposição vigorosa. Mesmo nos nossos dias, a liderança das confissões ocidentais continua a exercer uma tolerância limitada da aculturação, receando que esta possa conduzir ao sincretismo. Apesar do apelo do Vaticano II para uma maior participação de indígenas no catolicismo, o arcebispo católico-romano de Lusaca, Emmanuel Milingo, por exemplo, foi obrigado a demitir-se, em 1982, depois de ser acusado de sincretismo. Após dois milénios de luta por uma rigorosa ortodoxia, não é provável, por essa razão, que as confissões ocidentais abandonem a curto prazo o seu conservadorismo.

Significa isto que se está a aprofundar um abismo permanente entre o catolicismo ocidental e não-ocidental como aquele que destruiu as relações entre as Igrejas católica-romana e a ortodoxa oriental?

Surpreendentemente, talvez não. Como mencionámos no terceiro capítulo, o desejo de uma unidade mundial do cristianismo foi sempre muito forte, e este desejo nunca foi tão forte como é hoje. Pela primeira vez neste século, a compreensão de que a sociedade ocidental se estava a tornar cada vez mais secularizada e materialista levou a que se fizessem apelos a uma maior cooperação e talvez reunião entre as confissões ocidentais. Este espírito de **ecumenismo** ("um mundismo") conduziu, nos anos recentes, a um diálogo mais esperançoso. Com o tempo, porém, o sempre crescente secularismo, não só do Ocidente como também do resto do planeta, obrigará provavelmente os cristãos ocidentais a chegarem a um entendimento, não só com os outros cristãos ocidentais, mas também com os cristãos de toda a parte, independentemente das suas origens culturais[15]. Deste modo, confrontado com a competição de outra mundividência rapidamente globalizante – a modernidade –, a tradição cristã será finalmente obrigada a aceitar a diversidade, e não a fugir dela.

Crenças e práticas cristãs na era pós-moderna 7

Introdução

No início do século XX, alguns estudiosos começaram a especular que, confrontada com a modernidade, a maior parte das pessoas no Ocidente abandonaria gradualmente a religião, criando, como o fizeram, associações cada vez mais seculares. Por outras palavras, a mundividência da modernidade acabaria por substituir completamente as mundividências pré-modernas contidas no cristianismo. À medida que nos aproximamos do final do século, porém, podemos ver que este processo de secularização não se desenrolou como previsto. O cristianismo institucional no Ocidente declinou efectivamente. O número de fiéis e de frequentadores da igreja diminuiu, menos pessoas decidem casar pela igreja, o número de sacerdotes está a decair e a educação religiosa elementar para as crianças está no seu nível mais baixo. No entanto, no Ocidente, isto não acontece devido às pessoas terem abandonado as mundividências pré-modernas. De facto, sondagens da opinião pública parecem indicar que as pessoas no Ocidente são tão espirituais como sempre foram. Além disso, embora as instituições cristãs vacilem, os conceitos e símbolos cristãos ainda estão bem enraizados na cultura ocidental. Como podemos explicar isto?

O que parece acontecer no cristianismo no Ocidente é o facto de que largos sectores da sociedade já não se sentem obrigados a escolher entre as mundividências modernas ou pré-modernas. Críticas em relação aos falhanços da modernidade, por um lado, mas conscientes de algumas das limitações das mundividências pré-modernas, por outro, as pessoas procuram agora viver as suas vidas equilibrando aspectos das duas mundividências. Certamente, este equilíbrio exige um grande nível de flexibilidade intelectual, espontaneidade e uma disposição conciliatória. Como a flexibilidade e a espontaneidade não são os valores das igrejas institucionais, principalmente daquelas que insistem numa ortodoxia rigorosa, muitas pessoas começaram a virar as costas às igrejas. De um modo crescente, portanto, a religião começou a ser considerada, no Ocidente, um assunto privado. Mas se as igrejas institucionais perdem fiéis a olhos vistos, isto não significa que o Ocidente esteja a tornar-se mais secular ou menos cristão. Significa apenas que o próprio cristianismo está a ser privatizado e desinstitucionalizado.

Os estudiosos rotularam de "pós-moderna" a tendência geral para uma mistura consciente das mundividências pré-moderna e moderna, e portanto o acto de equilíbrio religioso que presenciamos na sociedade actual pode ser chamado de cristianismo "pós-moderno". Em alguns casos, o cristianismo pós-moderno é apenas uma nova versão do cristianismo popular. Qualquer religião "oficial" possui as suas variantes "populares". De um modo geral, a religião popular é produto de pessoas que têm pouco contacto com as igrejas institucionais, pouca educação religiosa, e que adquirem a sua informação religiosa por meio de canais informais. Os estudiosos observaram que mesmo sem uma educação religiosa formal, a maioria das pessoas cria sistemas religiosos rudimentares, retirando ideias e práticas de qualquer lado e usando-as para lidar com os problemas existenciais da vida quotidiana. Um sistema religioso "popular" como este pode não ser intelectualmente coerente de todo, mas se uma pessoa acredita que isso ajuda na produção de alimentos e riqueza, ou que cura problemas físicos ou psicológicos, então é provável que se desenvolva com sucesso.

Este tem sido o caso das formas populares de cristianismo em todos os tempos. Durante séculos, a maioria das pessoas dos países cristãos recebeu pouca ou nenhuma educação religiosa formal ou pouca ligação tinha com as igrejas institucionais. Porém, estas pessoas conseguiram criar para si mesmas versões viáveis do cristianismo, mesmo que estas fossem altamente idiossincrásicas. Em muitos casos, despreocupados com a pureza doutrinal, estes cristianismos populares eram muito sincréticos, combinando crenças e práticas folclóricas com crenças do cristianismo ortodoxo. Em certos casos, como vimos, estas crenças e práticas sincréticas foram toleradas ou adoptadas pelas igrejas institucionais (por exemplo, o culto de santos e peregrinações). Mas na maioria dos casos, porque o cristianismo popular se encontra principalmente entre os pobres e analfabetos, a resposta típica das igrejas institucionais era simplesmente ignorar a sua existência.

Actualmente, porém, a situação no Ocidente é radicalmente diferente, pois embora o cristianismo pós-moderno partilhe algumas características importantes com o cristianismo popular do passado, existem diferenças cruciais entre ambos. Tal como o cristianismo popular, o cristianismo pós-moderno tende a ser altamente idiossincrásico, intensamente pragmático e intencionalmente sincrético, mesmo ao ponto de negar abertamente a singularidade cristã. No entanto, ao contrário do cristianismo popular, o cristianismo pós-moderno conta com todos os sectores da sociedade e não apenas com os pobres e marginalizados. O desafio da modernidade e o seu colapso posterior obrigaram toda a sociedade ocidental a rever as suas crenças. Até mesmo os ricos e poderosos, que tradicionalmente tinham muito a ganhar apoiando as igrejas institucionais, se sentiram obrigados a criticar a rígida mundividência pré-moderna do cristianismo institucional. Eles começaram também a forjar caminhos religiosos independentes das igrejas institucionais. Isto significa que o cristianismo pós-moderno encontra-se agora entre todas as classes sociais, tanto nos sectores rurais como nos urbanos. Por isso, o cristianismo pós-moderno começa a exercer uma influência sobre o cristianismo institucional que o cristianismo popular do passado nunca teve.

Deve sublinhar-se, porém, que o cristianismo pós-moderno é, pela sua própria natureza, um fenómeno plural: não existe *uma* tradição cristã pós-moderna. Neste capítulo, tentaremos descrever o cristianismo pós-moderno no Ocidente colocando em contraste um amplo leque de crenças e práticas pós-modernas com as crenças e práticas "oficiais" advogadas pelas igrejas institucionais. À medida que o fizermos, verificaremos igualmente como as tensões entre as crenças e práticas pós-modernas e as oficiais estão a transformar lentamente a tradição cristã como um todo.

Crenças cristãs no Ocidente pós-moderno

Recentes sondagens de opinião pública realizadas nos Estados Unidos indicaram que uma grande maioria dos Americanos acredita que a religião é uma parte importante da vida. Este não é um resultado surpreendente, pois a população dos Estados Unidos evidenciou sempre um grande nível de empenho religioso. Invulgar é o facto de as sondagens terem também revelado que uma quase igualmente larga maioria considera que cada um deve determinar a suas próprias crenças religiosas independentemente da religião organizada. De facto, dentro daqueles que participavam numa religião organizada, poucos conheciam a posição das suas confissões relativamente a muitas questões doutrinais ou mesmo quais as questões doutrinais que diferenciavam a sua confissão das outras[16].

Crença em Deus

No início dos anos noventa, 94 por cento dos Americanos afirmavam acreditar em Deus. A maioria destes dizia estar ocasionalmente consciente da presença de Deus nas suas vidas, sentir uma orientação divina e procurar activamente uma relação mais próxima com Deus. Tal como os Estados Unidos, o resto do Ocidente possui também uma orientação fundamentalmente teísta, embora não tão salientada. Face à modernidade, nos países ocidentais, a crença em Deus sofreu uma erosão ao longo das décadas, e actualmente existe uma maior tolerância relativamente ao agnosticismo e ateísmo em todo o Ocidente. Mesmo entre os Americanos, seis em cada sete afirmam que cada um tem o direito de não acreditar em Deus, se assim o quiser[17].

Talvez tão importante como a erosão da crença em Deus, é a erosão de qualquer consenso entre os crentes acerca de como Deus deve ser conceptualizado. Para a maior parte do cristianismo oficial no Ocidente, a natureza divina foi claramente definida pela doutrina da Trindade, que pretendia criar uma identidade entre Deus, Jesus e o Espírito Santo. Isto, porém, foi sempre difícil de representar. O cristianismo popular tendia a desfazer esta síntese de modo a criar uma concepção da divindade mais lógica e simples, como o conhecido idoso de barba grisalha das pinturas de Miguel Ângelo, no tecto da Capela Sistina. O cristianismo pós-moderno rejeitou igualmente a noção de Trindade, mas não conseguiu produzir qualquer imagem popular alternativa. Na Europa ocidental, só cerca de metade da população que acredita em Deus pensa nele em termos antropomórficos. A outra metade vê Deus simplesmente como uma ideia de bondade ou como o espírito subjacente às leis da natureza. Alguns recorrem ainda a outros conceitos religiosos de divindade para conceberem Deus. Assim, ele torna-se o Tao impessoal do taoismo ou o Brama sem atributos do hinduísmo védico. Actualmente, é impossível fazer qualquer generalização acerca de um conceito genérico ocidental de Deus[18].

Mesmo nos Estados Unidos, onde uma grande percentagem de pessoas, maior do em qualquer outro lugar no Ocidente, crê num Deus pessoal, não existe consenso acerca de como tal Deus deve ser conceptualizado. Especialmente espinhosa é a questão acerca do género de Deus. No passado, tanto o cristianismo oficial como o popular concebiam Deus como exclusivamente masculino, apesar de algumas passagens da Bíblia sugerirem uma natureza mais andrógina. Hoje, porém, até mesmo o cristianismo institucional leva mais a sério a androginia de Deus. Em 1983, por exemplo, o Conselho Nacional de Igrejas publicou uma versão da Bíblia de género neutro. A tradução tem o cuidado de referir Deus como o "Parente Celestial" numa tentativa de inverter a tendência de imaginar Deus como exclusivamente masculino. De facto, uma tradução da Bíblia ainda mais recente substitui as conhecidas primeiras linhas do *Pai Nosso* ("Pai nosso que estais no Céu...") por "Deus, Pai nosso e Mãe nossa, que estais no Céu..."[19].

No entanto, nem todos concordam com esta tendência, receando que estas traduções ameacem "a singularidade divinamente ordenada dos homens e mulheres". Em 1997, cedendo às pressões dos evangélicos conservadores, a Sociedade Bíblica Internacional, a maior editora de Bíblias nos Estados Unidos, abandonou os planos relativos a uma tradução da Bíblia "de género exacto". Este facto despoletou as críticas dos cristãos mais liberais. Os teólogos feministas, por exemplo, há décadas que afirmam que o sexismo da Bíblia é um produto dos tempos antigos em que a Bíblia foi escrita e não algo inerente à própria mensagem bíblica. De facto, para eles, a linguagem sexista da Bíblia é o ponto de partida para uma crítica geral ao patriarcado cristão tradicional. Ambos os lados, portanto, vêem as mudanças na linguagem bíblica como um potencial catalizador de uma mudança em larga escala da tradição cristã[20].

Crença em Jesus

A crença no Jesus histórico parece estar consolidada no Ocidente. Uns esmagadores 93 por cento de todos os Americanos, em 1996, não duvidavam da existência histórica de Jesus, tal como a maioria dos europeus ocidentais. Quando se fala do significado de Jesus, porém, já não encontramos a mesma unanimidade. De acordo com o cristianismo oficial, Jesus foi enviado por Deus para redimir as pessoas dos seus pecados e reconciliá-las com Deus para que possam ser salvas da morte no Dia do Juízo. Diz-se que Jesus realizou isto de dois modos. Em primeiro lugar, Jesus foi um ser humano que ao longo da sua vida e ministério deu à humanidade um modelo de uma vida perfeita que tornaria possível a salvação de cada um. Em segundo lugar, ensina-se que Jesus era o próprio Deus, cujo sofrimento e morte na cruz foi um sacrifício divino que retiraria os pecados do mundo e tornava possível a salvação da humanidade. No passado, o cristianismo popular exaltava a natureza divina de Jesus sobre a sua humanidade, mas durante a Idade Moderna a tendência pareceu inverter-se: celebrava-se a sua humanidade e o seu papel como mentor ético. Além do mais, entre os que vêem Jesus simplesmente como o grande mentor ético, cada vez menos o vêem como o *maior* dos mentores éticos. Muitos europeus colocam agora Jesus ao lado de Maomé ou de Buda, acabando deste modo com quaisquer reivindicações da imparidade do critério ético cristão ou da superioridade moral do Ocidente em geral[21].

Natureza e destino da humanidade

Tal como noutras religiões mundiais, a salvação no cristianismo é, basicamente, uma promessa de vida depois da morte. As igrejas cristãs ensinam que a alma humana é imortal e que está originalmente destinada a passar a eternidade no Céu, na presença de Deus. Porém, segundo os ensinamentos cristãos, os primeiros seres humanos, Adão e Eva, revoltaram-se contra a vontade de Deus, comprometendo assim a sua vida de felicidade eterna. Por causa deste "pecado original", do qual todos os humanos partilham, todos os seres humanos estão naturalmente inclinados para desobedecer à vontade de Deus. A morte de Jesus na cruz removeu as consequências daquele pecado original, mas não a natureza pecadora da humanidade, e, por conseguinte, até mesmo os cristãos estão em constante perigo de cair no pecado e comprometer as suas hipóteses de gozarem uma vida eterna. Seguir os ditames éticos de Jesus é um modo de evitar este perigo. Porém, o único modo seguro de evitar as chamas do Inferno e a morte eterna é reconhecermos francamente a nossa natureza pecadora e arrependermo-nos sinceramente dos pecados através da angústia da culpa e da vergonha.

Não é necessário dizer que grande parte desta imagem cristã da humanidade foi rejeitada ou modificada pelo Ocidente. A crença na vida depois da morte é ainda relativamente forte na Europa ocidental e nos Estados Unidos. Os europeus, porém, acreditam muito menos do que os Americanos no Céu e no Inferno. Cerca de 47 por cento de todos os europeus acreditam no Céu e 24 por cento acreditam no Inferno. Nos Estados Unidos, por outro lado, a mesma sondagem mostrou que cerca de 78 por cento acreditavam na existência do Céu, ao passo que 48 por cento acreditavam no Inferno. Certamente, mesmo com esta crença relativamente forte no Inferno, deve observar-se que muito poucos Americanos acreditavam realmente que iriam lá parar. Quando se perguntou às pessoas, em 1991, se pensavam que iriam para o Inferno, apenas 4 por cento responderam que sim[22].

Quanto ao Céu, apesar do facto de ser ainda uma ideia popular no Ocidente, poucos actualmente têm opiniões seguras acerca de como ele será. No *Novo Testamento*, tanto Jesus como Paulo falam do Céu como um lugar onde os justos passarão a eternidade na presença de Deus. Paulo afirmou mesmo ter sido levado até ao "terceiro Céu", embora lhe fosse proibido dizer como é que ele era. Só no *Apocalipse* temos uma imagem concreta do Céu: aqui, o Céu é descrito como uma cópia celeste da cidade de Jerusalém, feita de cristal, pedras preciosas e metais preciosos, no centro da qual se encontram os tronos de Deus e de Jesus feitos de jaspe verde. Os habitantes desta cidade são milhares de anjos que perpetuamente cantam orações divinas. Concepções mais tardias do Céu mostravam-no num ambiente mais rural do que urbano, descrevendo-o como o Paraíso. Os que iam falecendo encontravam aqui os entes amados antes falecidos e levavam uma vida semelhante a um piquenique terreno.

Mas se, por volta dos anos 80 e 90, o interesse no Céu se manteve forte entre os Americanos, estes estavam relutantes em descrevê-lo, pensando normalmente nele mais em termos de um estado psicológico permanente do que em termos de um lugar qualquer. Alguns estudiosos especulam que a modernidade, com a evolução da ciência cosmológica, tornou as visões da vida no Além inacreditáveis. Outros apontam o crescente número de pessoas que acreditam na reencarnação como outra razão para o declínio da especulação acerca da natureza do Céu. Actualmente, quase um quarto da população do Ocidente professa uma crença na reencarnação. Para estes, o Céu só está ao alcance após uma série aparentemente infindável de vidas e, enquanto tal, está demasiado distante para ser imaginado[23].

De todas as crenças centrais do cristianismo acerca da natureza e destino da humanidade, a doutrina do pecado foi a que, talvez, sofreu a maior transformação no Ocidente. Como um comentador disse, "... o sentido urgente do pecado pessoal desapareceu no apressado estilo actual da religião americana". Cada vez menos pessoas acreditam na doutrina do pecado original e a ideia de que as crianças nascem pecadoras é cada vez mais repugnante para os ocidentais. A maioria das pessoas no Ocidente vê o comportamento inaceitável como resultado não de uma natureza pecadora, mas como a consequência de problemas psicológicos, sociológicos e mesmo biológicos. Esta tendência para reduzir o pecado a aspectos potencialmente "curáveis" da natureza humana significa que o pecado já não implica sentimentos de culpa ou de vergonha, como no passado. Na verdade, actualmente os psicólogos vêem a culpa não como um meio concedido por Deus para a correcção da alma, mas como uma emoção incapacitadora que precisa de ser banida da psique humana. Talvez por esta razão, os sacerdotes das principais igrejas do Ocidente já não realcem o pecado e a condenação nos seus sermões e homilias. Para a maioria dos seus ouvintes, estas questões têm pouca importância e reflectem uma perspectiva ultrapassada e – dizem alguns – perniciosa sobre a natureza da humanidade[24].

Anjos e demónios

Uma das maiores ironias do cristianismo pós-moderno é, apesar do facto de o Ocidente se sentir mais à vontade com as noções abstractas do Céu e negar a realidade do pecado, um surpreendente número de pessoas acreditar nos agentes concretos de ambos: anjos e demónios. Os anjos e demónios, certamente, têm uma longa história no cristianismo. O cristianismo herdou do judaísmo uma forte tradição acerca destas criaturas, e no *Novo Testamento* aparecem frequentemente anjos e demónios. O anjo Gabriel, por exemplo, transmite a Maria as novas da sua miraculosa concepção de Jesus, e o próprio Jesus, ao longo de toda a sua pregação, sofreu a oposição do chefe dos demónios, Satanás. A mitologia dos anjos e demónios foi, por conseguinte, extremamente popular no Ocidente. A partir do Iluminismo do século XVIII, porém, a realidade dos anjos e demónios perdeu importância na maior parte dos contextos oficiais e, ombreando com o racionalismo desse período, os anjos e demónios tornaram-se, no cristianismo institucional, metáforas do bem e do mal, e já não seres concretos. A crença popular nestes seres começou também a decair.

No final do século XX, porém, a crença nos anjos e demónios enquanto entidades concretas teve um regresso surpreendente. A crença e os encontros pessoais com anjos estão a crescer nos Estados Unidos. Os livros populares sobre anjos mantêm-se nas listas dos mais vendidos durante meses e tornaram-se um fenómeno de mercado de massas. Surgiram também revistas dedicadas aos anjos, bem como muitos *sites* na Internet. Nos escaparates dos grandes supermecados, histórias e pretensas fotografias de anjos aparecem com mais frequência do que as histórias acerca de OVNIS. Além disso, os anjos são personagens proeminentes na televisão e em filmes. "Especialistas" em angelologia ou pessoas que afirmam ter encontrado anjos são agora convidados muito requisitados pelos programas de televisão e rádio. Inúmeras pessoas pagam centenas de contos para participarem em sessões de "psicoterapia" cujos organizadores afirmam que possibilitarão às pessoas estabelecer contacto com os seus anjos da guarda de modo a auxiliá-los no seu desenvolvimento pessoal. Muitos especularam acerca das origens desta febre pelos anjos, e citam o facto de este fascínio se dever em parte ao seu carácter essencialmente não-confessional. Apesar do facto de a maioria dos pormenores da angelologia moderna serem retirados do catolicismo romano, a maioria das pessoas interessadas nos anjos vêem-nos apenas como seres espirituais que não têm ligação intrínseca a nenhuma confissão cristã. Muitos apontam o facto de se encontrarem anjos em outras religiões mundiais como prova de que eles têm um carácter essencialmente não-cristão[25].

A febre em relação aos anjos benevolentes começou no início dos anos 90. Quase uma década e meia antes, outra vaga de fascínio invadira o Ocidente, e desta vez não tinha a ver com anjos, mas com demónios. Até essa altura, a crença no Diabo como agente pessoal do mal estava a declinar no Ocidente moderno. O velho estereótipo cristão de Satanás como um monstro com cornos estava deslocado num mundo de racionalidade optimista. No entanto, após duas guerras mundiais, inúmeros massacres mecanizados e uma hoste de outros males do mundo moderno, Satanás já não parecia tão cativante. Isto era especialmente assim na América, onde o fascínio por Satanás atingia novos níveis. Talvez como resposta a esta forte crença, surgiu uma vaga de temas satânicos na comunicação social popular. Fazendo a sua primeira aparição em 1973 com o filme *O Exorcista*, a possessão satânica tornou-se uma constante do cinema americano. Por volta dos anos 80, uma espécie de "pânico satânico" atingiu os Estados Unidos, dando origem a esquadrões especiais de polícia para investigar numerosos registos de cultos satânicos violentos em todo o país. Embora o satanismo se encontre pouco na América e a crença em Satanás tenha enfraquecido nos Estados Unidos, o interesse por temas satânicos na cultura popular ainda continua forte[26].

Prática cristã pós-moderna

Ao longo deste volume, demos conta da evolução contínua da prática cristã desde os rituais simples do baptismo e da eucaristia da igreja primitiva até às complexas liturgias desenvolvidas pelas igrejas na Idade Média e na Reforma. Durante este período, a vida cristã foi estruturada de modo a que cada dia, semana, ano e mesmo o próprio ciclo da vida humana (nascimento, matrimónio, morte) representasse períodos de tempo sagrado. Actualmente, esta evolução continua, mas a um ritmo acelerado. No cristianismo pós-moderno, muitas das práticas cristãs mais importantes são rejeitadas ou simplesmente ignoradas, algumas são modificadas ou misturadas com práticas não-cristãs, e, em certos casos, práticas de um passado cristão há muito esquecidas por alguns segmentos do cristianismo são agora redescobertas e renovadas.

Serviços da igreja e oração

No Ocidente, a participação nos serviços dominicais e o conhecimento dos sacramentos decaiu rapidamente. De facto, pode dizer-se com certeza que a eucaristia já não é o centro sacramental da maioria

Uma congregação multi-étnica reza na igreja Stª Maria dos Anjos, em Londres.

das vidas cristãs ocidentais, católicas ou protestantes, e com a perda da importância do pecado no Ocidente, a confissão e a penitência são agora coisas fundamentalmente do passado. E contudo, a maioria dos Americanos e europeus ainda recorre às igrejas como mediadores de fases importantes do seu ciclo de vida: nascimento (baptismo), idade adulta (matrimónio) e morte (ritos funerários). Na tradição católico-romana e anglicana, isto originou um fenómeno chamado "igrejas de serviços", ou seja, igrejas onde a maioria da congregação só vai para assistir aos ritos de passagem, facto que muito irrita os sacerdotes. Em certos casos, os padres de paróquia ameaçaram efectuar serviços religiosos apenas para aqueles que recorrem à igreja de um modo mais regular, mas isto só serviu para afastar as pessoas até dos rituais do ciclo da vida mediados pela igreja[27].

Se a assistência aos serviços dominicais é baixa, a prática individual é alta. De acordo com estatísticas recentes, quando solicitadas a conciliarem o facto de a maioria dos Americanos dizer-se muito religiosa com o facto de não assistirem aos serviços religiosos, muitas pessoas responderam que isso era porque preferiam orar em privado, mais do que em público. Talvez por esta razão, a oração está a regressar ao Ocidente. De longe a mais democrática de todas as práticas cristãs, a oração é considerada o meio pelo qual alguém se coloca em contacto directo com Deus, quer seja para agradecer, pedir um favor, ou simplesmente para sentir a presença de Deus. Para a maioria dos cristãos, portanto, a oração fornece um sentimento de segurança e conforto, e, para alguns, a oração é a origem das experiências mais intensas e satisfatórias das suas vidas religiosas. Legada pela antiga prática judaica, a oração cristã encontra-se especificamente nos Evangelhos. Em *S. Mateus* e *S. Lucas*, Jesus ensina aos seus discípulos uma pequena oração (o *Pai Nosso*) que reconhece a soberania de Deus, pede o seu perdão e o seu favor constante nas necessidades da vida. É precisamente a simplicidade e a privacidade da oração que parece atrair actualmente inúmeros cristãos ocidentais.

Na América, o regresso à oração teve também um impacto significativo na cultura popular. Actualmente, nos Estados Unidos, podem encontrar-se mais de 2000 obras sobre oração no catálogo dos livros publicados, e já se realizam mais de 1000 seminários ecuménicos de oração. Muitos destes são organizados e dirigidos por leigos e alguns são promovidos como meios nos quais os indivíduos podem projectar "programas de oração" pessoais utilizando elementos do misticismo cristão, ioga e técnicas de meditação hindus e budistas[28].

A oração é menos popular na Europa ocidental, onde é praticada regularmente por menos de um quarto de todos os europeus. Recentemente, porém, um movimento ecuménico de oração, com sede em França, popularizou-se não só no resto da Europa, como também no Japão, Índia e Estados Unidos. Chamado Taizé, nome da aldeia do leste de França onde teve origem nos anos 40, o objectivo do movimento é promover a oração não-confessional em grupo como um esforço para revigorar a espiritualidade em geral. As práticas de oração *taizé* incluem a meditação silenciosa, cânticos improvisados, canções e canto gregoriano, queima de velas e incenso e, em alguns casos, entoação de *mantras*. Estruturado em torno de uma organização monacal central que engloba actualmente 110 monges de várias confissões cristãs, a comunidade *taizé* encoraja a formação de pequenos grupos locais onde a oração de estilo *taizé* pode ser praticada. Todos os anos, dezenas de milhares de pessoas de todo o mundo fazem peregrinações a Taizé para aí passarem uma semana de oração em comunidade. Durante os anos 90, os encontros internacionais *taizé* tiveram lugar em várias cidades do mundo, tendo o encontro de Paris, em 1994, atraído cerca de 110.000 pessoas durante os cinco dias de oração. Embora o movimento seja rigorosamente não-confessional, teve a aprovação de chefes religiosos como o papa João Paulo II e o arcebispo de Cantuária, George Carey[29].

Festas cristãs

O mesmo tipo de ambivalência ocidental em relação ao culto institucionalizado pode encontrar-se no ano ritual cristão. Algumas festas cristãs continuam a ser muito populares (por exemplo, o Natal e a Páscoa), enquanto outras estão bastante esquecidas (por exemplo, a Sexta-feira Santa). Em 1997, por exemplo, 96 por cento dos Americanos celebravam de alguma forma o Natal, e a maioria deles ainda cumpria a Páscoa. Além disso, para a maioria, estas são festas familiares, e só metade dos Americanos vai à igreja na Páscoa, de longe a época festiva mais importante do calendário cristão. No entanto, pelo lado positivo, as sondagens indicam que o pouco que as pessoas sabem sobre a Bíblia e sobre a doutrina cristã está bastante associado a estas duas festas. Há também uma vontade da parte dos governantes centrais e locais nos Estados Unidos em proteger o estatuto oficial destas festas, mesmo apesar do crescente pluralismo religioso que se verifica neste país. O mesmo já não pode ser dito em relação a outras festas cristãs: recentemente, devido a um processo cível, o feriado de Sexta-feira Santa declarado pelo Estado para o sistema escolar do Ilinóis foi considerado inconstitucional porque, segundo as palavras de um juiz, a celebração oficial da Sexta-feira Santa "transmite a mensagem inaceitável de que o cristianismo é uma religião favorecida". Até agora, falharam os desafios semelhantes relativamente às festas mais populares do Natal e da Páscoa[30].

Face ao decrescente interesse nas festas cristãs, algumas igrejas começaram a explorar novas festas que podem ter mais relevância para os seus componentes. Algumas igrejas afro-americanas, por exemplo, adoptaram o *Kuanza* como festa cristã. O *Kuanza*, palavra que em suaíli significa "primeiros frutos da colheita", é observado de 26 de Dezembro a 1 de Janeiro e celebra os sete princípios basilares da unidade: autodeterminação, trabalho e responsabilidade colectivos, economia cooperativa, determinação, criatividade e fé. O *Kuanza* foi estabelecido em 1966 por um activista social negro chamado Maulana Ron Karenga. Karenga desejava que o *Kuanza* fosse uma oportunidade para os negros redescobrirem as suas raízes culturais. Como o *Kuanza* se tornou cada vez mais popular, algumas igrejas afro-americanas integraram-no nas suas liturgias. A Igreja metodista da fé unida, em Los Angeles, realiza agora serviços especiais "Veja Cristo no *Kuanza*" durante a festividade do *Kuanza*, e o pastor encoraja a sua congregação a celebrar em casa com as famílias a cerimónia de acender velas durante as sete noites do *Kuanza*. Muitas outras confissões afro-americanas estão a seguir o mesmo exemplo[31].

Peregrinação e cura espiritual no Ocidente pós-moderno

Embora a participação nos sacramentos seja fraca, a tendência sacramental não desapareceu completamente no Ocidente. Na Europa, por exemplo, a participação em peregrinações a santuários está a crescer. Em 1992, o Santuário de Lurdes, em França, teve um recorde de 5,5 milhões de visitantes, representando um acréscimo de 1,5 milhões no espaço de dez anos. Outros destinos de peregrinação, como Santiago de Compostela, em Espanha, e Fátima, em Portugal, registam aumentos semelhantes. Muitos vão pelas curas milagrosas que se registaram nesses locais, mas outros vão simplesmente para estar em presença do divino, algo que muitos dizem já não sentir nas suas igrejas locais.

O que é verdadeiramente interessante, porém, é o facto de nem todas as pessoas que visitam estes santuários católicos serem católicas. Muitos protestantes também se juntam aos peregrinos católicos e assistem às missas cristãs nestes santuários. Apesar de uma proibição sobre a peregrinação que data do período da Reforma, os protestantes na Europa encontram na peregrinação católica a satisfação da sua necessidade de se encontrarem na presença do sagrado. De facto, algumas confissões protestantes, principalmente a Igreja anglicana, começam a reparar nisto. Pela primeira vez desde 1500, as relíquias que pertencem a S. Tomás Becket (m. 1170) foram expostas na Catedral de Cantuária. Cantuária era um dos santuários de peregrinação mais populares da Europa e atraía milhares de pessoas até que foi suprimido por Henrique VIII. Algumas pessoas dentro da Igreja anglicana sentiram que a reinstalação das relíquias violaria o espírito da Reforma, mas as autoridades da igreja afirmaram que estavam apenas a responder ao esmagador interesse público em restabelecer uma peregrinação histórica[32].

Dado que os Estados Unidos, através da sua história, é um país predominantemente protestante, não se desenvolveu aí a tradição de peregrinação. A Igreja católica patrocina santuários de peregrinação nos Estados Unidos, e continuam a multiplicar-se lugares de aparições marianas; no entanto, a maior parte destes locais parece não atrair tantos protestantes como os santuários da Europa. Um crescente número de pessoas, porém, tanto protestantes como católicos, com igreja ou sem igreja, é atraído para os serviços pentecostais. Em certo sentido, a atracção por estes serviços é sacramental: a promessa de sentir o contacto directo com Deus através do Espírito Santo.

De facto, uma destas igrejas pentecostais evoluiu para uma verdadeira peregrinação. Em dois anos, entre 1995 e 1997, a Assembleia de Deus Brownsville, em Pensacola, Florida, atraiu cerca de 3000 a 6000 pessoas por noite. Alguns vêm de muito longe, tal como da Austrália, Ucrânia, Japão e Zimbabué, todos eles esperando por uma oportunidade para participar nos serviços religiosos nocturnos, realizados por um carismático sacerdote pentecostal chamado Steve Hill. Por volta do meio-dia, diariamente, centenas de pessoas juntam-se a uma fila do tamanho de um quarteirão que começa na porta da frente do templo. Por que é que estas pessoas esperam durante horas para entrar? Muitos acreditam com uma convicção absoluta que, apesar da sua aparência mundana, o Espírito Santo pode ser encontrado aqui. "Este foi o local escolhido por Deus", disse um peregrino, "Ele está aqui". E, como se fosse uma confirmação desta afirmação, todas as noites centenas de pessoas choram, gritam, movem-se incontroladamente, dançam nas passagens entre as filas de cadeiras ou simplesmente desmaiam com o toque da mão do sacerdote nas suas testas. Em Maio de 1997, cerca de 107.000 pessoas afirmavam ter sentido Deus na Igreja Brownsville, tornando este caso, a chamada "Efusão de Pensacola", não só no revivalismo mais persistente na história da América, como também num dos mais bem sucedidos[33].

Outro modo como a tendência sacramental é satisfeita no Ocidente pós-moderno é através da cura espiritual, incluindo a cura cristã. Ao longo de toda a história do cristianismo, houve sempre uma crença muito forte de que o poder divino pode ser usado para curar fraquezas ou doenças do corpo. Os Evangelhos estão repletos de exemplos de Jesus a curar males físicos e psicológicos, e um dos argumentos da sua divindade foi sempre o seu poder de curar. De facto, a cura continuou sempre a ser uma função importante das Igrejas cristãs. Segundo o apóstolo Paulo, aqueles que têm o poder de curar devem estar ao lado daqueles que podem pregar, profetizar e falar várias línguas. Até mesmo os não-cristãos começaram a procurar a ajuda das igrejas para serem curados, e sabemos que certos curandeiros "*freelancers*" percorriam o mundo greco-romano, afirmando que curavam os males invocando apenas o nome de Jesus. A Igreja católica medieval institucionalizou a cura espiritual por meio do sacramento da unção dos moribundos (também conhecido como extrema unção). Com a modernidade e a evolução da ciência médica, a crença na cura espiritual tornou-se mais fraca no Ocidente. Algumas confissões cristãs fizeram da cura espiritual um fundamento da sua teologia (por exemplo, a Ciência Cristã), mas, para a maioria dos cristãos, desempenha um papel cada vez menos importante no que diz respeito à fé.

Nas últimas décadas do século XX, porém, houve um pequeno renascimento da cura espiritual, tanto na forma cristã como na não-cristã. Insatisfeitas com as terapias convencionais, muitas pessoas recorrem a tratamentos "alternativos" para aliviarem o sofrimento psicológico e a doença orgânica. Até a um certo ponto, a comunidade médica começou a reavaliar a eficácia da cura espiritual como uma forma de "tratamento complementar". Os centros oncológicos nos Estados Unidos incluem actualmente coisas como o toque terapêutico *New Age*, ioga, acupressão – e até a cerimónia de chá japonesa. Como é evidente, neste ambiente há também um número cada vez maior de pessoas que procuram especificamente a cura cristã. Como resposta, a Igreja católica reiterou a importância da extrema unção, que, apesar de ser muito conhecida como "os últimos ritos", é um sacramento geral para a cura física que pode ser procurado por quem esteja gravemente doente. Com este objectivo, desde o Vaticano II, o sacramento é referido simplesmente como "unção dos doentes". Muitas confissões desenvolveram também sistemas de cuidados médicos que procuram integrar a prática cristã nos modernos cuidados médicos. Existem, porém, limites para a aceitação da cura espiritual. Há um número cada vez maior de pais que optam exclusivamente pela cura espiritual para os seus filhos. Em certos casos, estes pais são acusados de negligência: por exemplo, em casos em que morreram crianças aos cuidados de curandeiros pela fé, os pais foram presos. Num caso, no Minnesota, um júri sentenciou a Igreja da Ciência Cristã a pagar 14 milhões de dólares, afirmando que esperavam que este valor fosse uma "mensagem" para os cientologistas e para outros que acreditam na cura espiritual[34].

Conclusão

A atitude ambivalente do Ocidente relativamente à cura espiritual é um exemplo perfeito do desejo pós-moderno de equilibrar crenças e práticas modernas e pré-modernas. Por um lado, o Ocidente está muito longe de abandonar a sua fé em proveito da ciência e do racionalismo, tal como mostra o julgamento atrás referido. Por outro lado, a maior parte dos ocidentais percebeu que a ciência e o racionalismo, por si sós, não podem fornecer todas as respostas. Até a um certo ponto, isto significou um regresso ao cristianismo, embora não um regresso ao cristianismo institucional. No Ocidente, a fé é agora constituída por um equilíbrio dinâmico de elementos modernos e pré-modernos, e isto é algo que as igrejas institucionais, com a sua preocupação histórica por uma ortodoxia rigidamente definida, não podem fazer. Por sua vez, isto conduziu à criação daquilo a que temos chamado cristianismo pós--moderno: uma questão fortemente privada na qual os crentes se sentem no direito de criar e recriar a mistura da modernidade com a pré-modernidade cristã que melhor preenche as suas necessidades espirituais.

Outra marca do cristianismo pós-moderno é o seu claro sincretismo. Como vimos neste livro, a história do cristianismo pode ser vista, em termos gerais, como uma história de sincretismo. No entanto, em contraste com o passado, muitos cristãos ocidentais praticam actualmente o sincretismo abertamente e sem pretextos. A maior parte das pessoas no Ocidente sente, actualmente, que as igrejas já não fornecem respostas adequadas a todas as questões espirituais do homem. Isto levou à convicção de que é importante explorar caminhos religiosos diferentes do cristianismo. Os cristãos no Ocidente começaram então a demonstrar um vivo interesse noutras religiões mundiais, como o hinduísmo, budismo, islamismo, etc. De facto, muitos cristãos não se conformam com as pretensões de singularidade do cristianismo, e muitos mais acreditam que todas as religiões são iguais. Efectivamente, face à modernidade, um dos modos como os ocidentais procuram "provar" certas crenças e doutrinas cristãs é encontrar analogias noutras religiões mundiais. Acredita-se que quanto melhor as crenças cristãs puderem ser "traduzidas" para crenças e símbolos de outras religiões, tanto maior é a probabilidade de elas serem verdadeiras[35].

Qual é, então, o futuro do cristianismo no Ocidente? As instituições cristãs maioritárias têm relutância em sancionar o tipo de tradução religiosa ou o sincretismo que o pós-modernismo encoraja. Também não podem tolerar os géneros de revisão, mistura e transigência perpétuas exigidas pelos cristãos pós-modernos. Será que isto significa o eclipse permanente do cristianismo institucional no Ocidente? Talvez. O cristianismo é, acima de tudo, uma tradição viva. Ao longo de toda a sua história, alterou-se e metamorfoseou-se constantemente para lidar com os desafios dos novos tempos. E tal como os primeiros cristãos não podiam prever a forma que tomaria o cristianismo medieval ou moderno, é para nós igualmente impossível prever com alguma precisão a forma última que o cristianismo assumirá numa era pós--moderna.

Notas

1 Introdução

[1] Para descrições sobre as celebrações da Páscoa em Jerusalém, ver Richard D. Hecht, "The Construction and Management of Sacred Time and Space: *Sabta Nur* in the Church of the Holy Sepulchre" in Roger Friedland e Deirdre Boden (org.), *NowHere: Space, Time and Modernity* (Berkeley: University of California Press, 1994): 181-235; Thomas A. Idinopulos, "Holy Fire in Jerusalem", *The Christian Century*, 99 (7 de Abril, 1982): 407-9; Joel L. Kraemer (org.), *Jerusalem: Problems and Prospects* (Nova Iorque: Praeger, 1980); Harold J. Shepstone, "Holy Week in Jerusalem", *Palestine Exploration Quarterly* (1944): 218-22; Chaim Wardi, "Easter in Jerusalem", *Christian News From Israel* 23:3 (1973): 152-7; Walter Zander, *Israel and the Holy Places of Christendom* (Londres: Weidenfeld and Nicolson, 1971). Para uma discussão sobre o Túmulo no jardim, ver Sarah Kochav, "The Search for the Protestant Holy Sepulchre: The Garden Tomb in Nineteenth-Century Jerusalém", *Journal of Ecclesiastical History* 46:2 (Abril 1995): 278-301.

2 De Jesus ao Messias, do Messias a Cristo: o desenvolvimento do cristianismo na Antiguidade

[2] John Taylor, "The Future of Christianity" in John McManners (org.), *The Oxford Illustrated History of Christianity* (Oxford: Oxford University Press, 1992):634.

[3] A discussão que se segue acerca do Jesus histórico e o problema do Messias crucificado é baseada principalmente em John Dominic Crossan, *The Historical Jesus: The Life of a Mediterranean Peasant* (S. Francisco: HarperSanFrancisco, 1992) e Paula Friedriksen, *From Jesus to Christ: The Origins of the New Testament Images of Jesus* (New Haven: Yale University Press, 1988). Para outras perspectivas mais tradicionais sobre este assunto controverso, ver, por exemplo, Burton L. Mack, *A Myth of Innocence: Mark and Christian Origins* (Filadélfia: Fortress Press, 1988) ou Luke Timothy Johnson, *The Real Jesus: The Misguised Quest for the Historical Jesus and the Truth of the Traditional Gospels* (S. Francisco: HarperSanFrancisco, 1996).

[4] Esta teoria do aparecimento dos santos no Ocidente é de Peter Brown, *The Cult of the Saints: Its Rise and Function in Latin Christianity* (Chicago: University of Chicago Press, 1981).

2 De Jesus ao M

[5] Greg Burke *et al.*, "Revival: Old Church – New Outlook. As Ortodox Christians Celebrate Easter, Their Church Hopes for a More United Third Millennium", *Time*, 5 de Maio, 1997: 47-9; Lee Hockstader, "Russian

Ortodox Church is Feeling Rebirth Pains: Critics Accuse It of Coziness with Governement", *Washington Post*, 15 de Abril, 1996: A1; Uli Schmetzer, "New Russia Confronts Religious Power", *Chicago Tribune*, 12 de Novembro, 1996: 1.

6 A globalização do cristianismo

[6] "World's Largest Church", *The Christian Century*, Fevereiro 1-8, 1989: 106; Hugh Dellios, "Journey of Faith. Catholicism Confronts the Doubts and Demands of a New Age. Day Three: Africa, Parishes Struggle to Gain Converts", *Chicago Tribune*, 10 de Dezembro, 1996: 1; Richard N. Ostling, "The Basilica in the Bush", *Time*, 3 de Julho, 1989: 38-9.

[7] Taylor, "The Future of Christianity": 636.

[8] *Ibid,*: 642

[9] David Martin, "Evangelical and Charismatic Christianity in Latin America", in Karla Poewe (org.), *Charismatic Christianity as a Global Culture* (Columbia, SC: University of South Carolina Press, 1994): 73-86.

[10] William K. Powers, "When Black Elk Speaks, Everybody Listens" in David G. Hackett (org.), *Religion and American Culture: A Reader* (Londres: Routledge, 1995): 423-36.

[11] Estatísticas sobre os cristãos na Ásia: Taylor, "The Future of Christianity": 649-53; C. René Padilla, "An Age of Liberation", in Tim Dowley (org.), *Introduction to the History of Christianity* (Minneapolis: Fortress Press, 1995): 631-43.

[12] Eileen Barker, "The Unification Church", in Timothy Miller (org.), *America's Alternative Religions* (Albany, NI: State University of New York, 1995): 223-30.

[13] Taylor, "The Future of Christianity": 645-49; Padilla, "An Age of Leberation": 634-5.

[14] Taylor, "The Future of Christianity": 641.

[15] Nos anos recentes, um dos principais assuntos debatidos pelos pensadores cristãos foi a resposta cristã adequada ao sincretismo e pluralismo religioso em geral. Embora grande parte desta discussão tenda a ser filosoficamente muito técnica, o estudante interessado pode ver, como textos acessíveis: John Hick, *The Myth of Christian Uniqueness: Toward a Pluralistic Theology of Religions* (Maryknoll, NI: Orbis Books, 1987) ou John Cobb, *The Emptying God: A Buddhist-Jewish-Christian Conversation* (Maryknoll, NI: Orbis Books, 1990)

5 O cristianismo e os desafios da modernidade

[16] George Gallup, Jr. e Sarah Jones, *100 Questions and Answers: Religion in America* (Princeton: Princeton Religion Research Center, 1989): 66, 176; Kenneth L. Woodward, "Dead End for the Mainline? The Mightiest Protestants Are Running Out Of Money, Members And Meaning", *Newsweek*, 9 de Agosto, 1993: 46-8.

[17] Gallup e Jones, *100 Questions and Answers*: 4, 162, 170, 178; ver também Jeffrey L. Sheler, "Spiritual America. This Nation 'Under God' Is Deeply Conflicted Over The Role Of Religion in Society", *U. S. News & World Report*, 4 de Abril, 1994: 48-59; George Gallup, Jr. e Jim Castelli, *The People's Religion: American Faith in the 90's* (Nova Iorque: Macmillan Publishing Co., 1989): 47; James Patterson e Peter Kim, *The Day America Told the Truth: What People Really Believe About Everything That Really Matters* (Nova Iorque: Prentice Hall Press, 1991): 201.

[18] Gallup e Castelli, *The People's Religion*: 47-8; Patterson e Kim, *The Day America Told the Truth*: 201; Sheler, "Spiritual America", 54; Kenneth L. Woodward, "Hallowed Be Thy Name. But That's About All. These Days God The Father-Figure Just Doesn't Get Any Respect", *Newsweek*, 17 de Junho, 1996: 75.

[19] Paul Gray, "The Power of Babel. The New Living Translation Hit Bookstores Last Month, Another Simplified Bible Vying In A $400 Million Yearly Market. What Hath They Wrought?", *Time*, 9 de Setembro, 1996: 56-9; Pamela H. Long, "Bible Society Scraps 'Gender-Accurate' Version of Scripture", *Religion News Service*, 31 de Maio, 1997.

[20] A literatura sobre a teologia feminista é vasta e variada, mas uma boa introdução ao seu impacto e variedade é a obra de Catherine M. LaCugna, *Freeing Theology: The Essencials of Theology in Feminist Perspective* (S. Francisco: HarperSanFrancisco, 1994).

[21] Thomas Hargrove e Guido H. Stempel III, "Faith Has Many Followers", *Birmingham (Alabama) Post Herald*, 24 de Dezembro, 1996; "Poll of French Religious Beliefs", *National and International Religion Report*, 30 de Maio, 1994 [http://www.goshen.net/NIRR/]; Elizabeth Han Hastings e Philip K. Hastings (org.), *Index To International Public Opinion, 1980-1981* (Westport, CT: Greenwood Press, 1982): 380; Gallup e Jones, *100 Questions and Answers: Religion in America*: 6.

[22] "Gallup Poll on European and American Beliefs and Practices", *National and International Religion Report*, 8 de Fevereiro, 1993; Patterson e Kim, *The Day America Told the Truth*: 204.

[23] David Van Biema, "Does Heaven Exist? It Used To Be That The Hereafter Was Virtually Palpable, But American Religion Now Seems Almost Allergic To Imagining It. Is Paradise Lost?", *Time*, 24 de Março, 1997: 70-9.

[24] Patterson e Kim, *The Day America Told the Truth*: 203; Kenneth L. Woodward, "What Ever Happened To Sin?, *Newsweek*, 6 de Fevereiro, 1995: 23.

[25] Gallup e Castelli, *The People's Religion*: 75; Kenneth L. Woodward, "Angels. Hark! America's Latest Search For Spiritual Meaning Has A Halo Effect", *Newsweek*, 27 de Dezembro, 1993: 52-7.

[26] Gallup e Jones, *100 Questions and Answers: Religion in America*: 24-25; Kenneth L. Woodward, "Do We Need Satan? Evil Is Alive, But Our

Culture Has Lost The Power To Explain It. Rethinking The Devil's Realm", *Newsweek*, 13 de Novembro, 1995: 63-8.

[27] Patterson e Kim, *The Day America Told the Truth*: 25, 200; "Gallup Poll on European and American Beliefs and Practices", *National and International Religion Report*, 8 de Fevereiro, 1993; Woodward, "What Ever Happened to Sin?": 23.

[28] Wade Clark Roof, *A Generation of Seekers: The Spiritual Journeys of the Baby Boom Generation* (S. Francisco: HarperSanFrancisco, 1994): 199; Kenneth L. Woodward, "Talking to God", *Newsweek*, 6 de Janeiro, 1992: 39-44.

[29] "Taizé", *National and International Religion Report*, 13 e 27 de Novembro, 1995.

[30] Jeffrey L. Sheler, "In Search of Christmas", *U. S. News & World Report*, 23 de Dezembro, 1996: 56-64; Gallup e Castelli, *The People's Religion*: 30-3; "Biblical Illiteracy", *National and International Religion Report*, 17 de Outubro, 1994; "Ban on Christmas Alcohol Sales", *National and International Religion Report*, 30 de Outubro, 1995; "Good Friday Ban", *National and International Religion Report*, 13 de Junho, 1994.

[31] "Kwanzaa", *National and International Religion Report*, 10 de Janeiro, 1994.

[32] Ruth Gledhill, "Thomas à Becket Relics Return to the Scene of the Crime", *The Times*, 29 de Março, 1997: 11; Marlise Simons, "Pilgrims Crowding Europe's Catholic Shrines", *New York Times*, 12 de Outubro, 1993: A1.

[33] Rick Bragg, "A Year's Long Revival Draws the Multitudes", *New York Times*, 27 de Maio, 1997: A1.

[34] Doug Podolsky, "A New Age of Healing Hands, Cancer Centers Embrace Alternative Therapies As Complementary Care", *U. S. News & World Report*, 5 de Fevereiro, 1996: 71-2; Thomas Johnsen, "Healing and Conscience in Christian Science", *The Christian Century*, 29 de Junho - 6 de Julho, 1994: 640-1.

[35] Esta tendência para o sincretismo está largamente documentada em Roof, *A Generation of Seekers* e em Wade Clark Roof, Jackson W. Carroll, David A. Roozen (org.), *The Post-War Generation and Establishment Religion: Cross-Cultural Perspectives* (Boulder, CO: Westview Press, 1995).

Glossário

Ágape Refeição comunal que era normalmente celebrada pelos antigos cristãos como parte da Eucaristia.

Aliança Um acordo feito entre Deus e os Judeus, segundo o qual estes receberam a promessa da graça de Deus em troca da sua fidelidade. Os cristãos acreditam que devido ao sacrifício de Jesus sucederam aos Judeus nesta aliança.

Apocalipsismo A crença na iminência do fim do mundo; no cristianismo, esta crença ombreava com a expectativa da segunda vinda de Jesus (ver também **Milenarismo**).

Apologistas, apologia Os apologistas cristãos eram um grupo de teólogos da Antiguidade que pretendiam reinterpretar a mensagem cristã à luz da filosofia grega.

Apóstolo Especificamente, "apóstolo" refere-se a um dos discípulos de Jesus que foi escolhido para pregar o Evangelho; em termos gerais, refere-se a qualquer pessoa envolvida numa missão cristã.

Baptismo O baptismo é o ritual cristão de iniciação pelo qual alguém é purificado espiritualmente através do contacto com a água. Esta prática foi adoptada pelos cristãos como imitação do baptismo de Jesus realizado por João, no rio Jordão, como está descrito nos Evangelhos.

Bíblia hebraica As Escrituras sagradas dos Judeus (*Antigo Testamento*).

Bispo Nas Igrejas católico-romana, ortodoxa oriental, anglicana e outras igrejas episcopais, os bispos ocupam um alto lugar na hierarquia e são responsáveis por uma diocese.

Cânone Uma lista de documentos considerados de inspiração divina.

Catecúmenos Na Igreja primitiva, os catecúmenos eram pessoas que estudavam para serem admitidas na igreja. Não sendo baptizados, aos catecúmenos apenas era permitido assistir à primeira parte da missa e tinham de sair antes da Eucaristia.

Confessionalismo A separação da tradição cristã em várias organizações autónomas.

Confirmação Sacramento administrado por um bispo, através do qual as pessoas baptizadas são integralmente admitidas como membros da igreja, em algumas tradições como o catolicismo romano ou a ortodoxia oriental. Este rito consiste na imposição das mãos e unção do crisma. Nas Igrejas ortodoxas orientais, a confirmação segue-se ao baptismo de uma criança, enquanto que na Igreja católico-romana é administrada quando uma criança atinge a idade da razão.

Credo Conjunto de declarações doutrinais que pretende sumarizar a fé cristã e definir a ortodoxia.

Cristianismo principal A confissão (ou confissões) à qual adere a maior parte das pessoas de um país ou região.

Crítica maior da Bíblia Movimento erudito que tentou separar, na Bíblia, os factos dos mitos, sujeitando-a ao mesmo tipo de análise científica usada para outros documentos históricos.

Cruzada Literalmente "guerra em nome da cruz", as cruzadas eram expedições militares sancionadas pelo papado.

Diácono Um dos cargos eclesiásticos mais antigos, os diáconos eram responsáveis pela assistência aos padres na missa, instrução dos catecúmenos e administração da caridade.

Ecumenismo Movimento corrente que defende a reunião e cooperação mundial das Igrejas cristãs.

Escolástica Movimento intelectual da Idade Média que se desenvolveu nas universidades da Europa, durante o século XII. A escolástica era caracterizada por um uso rigoroso da lógica com o fim de conciliar a razão com a fé, e para pensar acerca dos limites de ambas.

Espírito Santo A terceira pessoa da Trindade, frequentemente considerada como a presença orientadora de Deus nas igrejas.

Eucaristia O sacramento do pão e do vinho consagrados que recria a última ceia tomada por Jesus com os seus discípulos antes da sua crucificação.

Evangelho Significa "boa nova". Os Evangelhos são narrativas acerca da vida e mensagem de Jesus.

Excomungar Retirar a condição de membro da igreja.

Expiação A reconciliação de Deus com a humanidade.

Extrema Unção (também conhecida como os últimos ritos ou sacramento para os moribundoss) – No catolicismo romano, é um sacramento que pretende conceder uma cura física ou confortar doentes graves ou moribundos.

Fundamentalismo O fundamentalismo não é uma confissão única, mas antes um conjunto de crenças e atitudes que atravessam as fronteiras confessionais. Os fundamentalistas salientam cinco pontos básicos: (1) a infalibilidade das Escrituras; (2) o nascimento virginal de Jesus; (3) a expiação limitada aos eleitos; (4) a ressurreição física, corpórea de Jesus; e (5) a segunda vinda de Jesus.

Gnosticismo Uma forma de cristianismo da Antiguidade. Os gnósticos acreditavam que Jesus trazia o conhecimento secreto (*gnosis*) necessário à salvação. Parte desta *gnosis* consistia na divisão estrita entre a matéria, que era má, e o espírito, que era bom.

Graça Na teologia cristã, é o amor e a assistência de Deus dados. livremente aos crentes cristãos, sem a qual a salvação não é possível.

Heresia Doutrinas e crenças que se afastam dos ensinamentos ortodoxos.

Ícones Na ortodoxia oriental, são imagens especiais de Jesus e Maria, anjos, santos e mártires que se acredita possuírem poderes especiais de intercedimento e protecção.

Indulgências Na teologia católico-romana, as indulgências garantem às pessoas que, ao participarem em devoções extras, uma certa parte da sua estada futura no Purgatório será perdoada e a sua entrada no Céu antecipada.

Inquisição Tribunal eclesiástico instituído pela Igreja católica, na Idade Média, para acabar com a heresia.

Justificação Na teologia cristã, é a reconciliação da vontade de alguém com a vontade de Deus, conduzindo assim à salvação.

Liturgia A forma e conteúdo do culto público nas Igrejas cristãs.

Mártir Um cristão que morre pela fé.

Messias O Messias é um futuro rei da linha de David; os Judeus acreditam que ele acabará por aparecer para restaurar Israel. Os cristãos acreditam que Jesus era o Messias, e o nome *Christos* significa em grego "o ungido".

Milenarismo A crença cristã de que o Juízo Final será precedido pela segunda vinda de Jesus à Terra que estabelecerá mil anos de paz e prosperidade – o milénio.

Misticismo Práticas que conduzem alguém a uma presença imediata de Deus.

Modernidade A modernidade representou uma nova e peculiar mundividência na história humana. Salientou o cepticismo e o pensamento crítico, assim como uma atitude positiva relativamente à mudança social e intelectual. O modernismo também tendia a retirar a importância do transcendente no mundo e insistia na importância do papel do indivíduo na formação do futuro.

Modernistas São cristãos que consideram que os produtos da ciência fornecem modos novos e entusiasmantes de abordar a fé cristã.

Monaquismo Os monges são pessoas que procuram viver uma vida cristã mais pura retirando-se da sociedade e do mundo sensual de modo a perseguirem uma vida ordenada de contemplação, conhecida como monaquismo.

Ordenação Rituais pelos quais alguém é admitido ao sacerdócio ou ministério.

Ortodoxia Crença correcta tal como é definida pela igreja principal.

Ortopraxia Prática correcta tal como é definida pela igreja principal.

Padre Nas Igrejas católica, ortodoxa oriental, anglicana e outras Igrejas episcopais, os padres são clérigos responsáveis por uma paróquia.

Páscoa judaica Celebração anual da fuga dos escravos Hebreus, do Egipto.

Patriarca Chefe tribal no período anterior a Moisés; é também o título dos chefes das igrejas nacionais no cristianismo ortodoxo oriental.

Pentecostalismo O pentecostalismo é um movimento religioso que surgiu no protestantismo dos Estados Unidos, no início do século XX. Salientava a participação espontânea no culto e a sensação imediata do Espírito Santo.

Pietismo Movimentos protestantes que procuravam colocar os elementos não-racionais e experienciais da tradição acima dos elementos doutrinais racionalizados.

Pós-modernidade O período corrente da história ocidental caracterizado por uma mistura de mundividências pré-modernas e modernas.

Predestinação Na teologia cristã, é a crença de que Deus ordenou a salvação ou a condenação dos indivíduos desde sempre e previamente.

Presbítero Na igreja primitiva, os presbíteros eram um grupo de anciãos que auxiliavam os bispos.

Profeta Reformadores religiosos que legitimam os seus objectivos reformistas declarando que falam em nome de Deus.

Protestantes Confissões que surgiram da Reforma.

Protestantismo evangélico Um largo movimento que se desenvolveu no interior do protestantismo, no século XVIII, que enfatizava um estilo democrático de pregação, o milenarismo e o pietismo.

Purgatório Na teologia católico-romana, é um lugar onde os mortos são purificados dos seus pecados terrenos por meio do sofrimento, preparando-se assim para entrarem no Céu.

Reino de Deus O governo de Deus na Terra, que os cristãos acreditam que é agora manifestado nas igrejas, mas que acabará por ser universal no fim dos tempos.

Relíquias Os restos terrenos e outros objectos associados a mártires e santos cristãos; considerava-se que estes objectos possuíam grande poder espiritual.

Ressurreição Reanimação do corpo após a morte.

Revivalismo Movimento, em grande escala, de entusiasmo religioso, durando por vezes meses ou anos.

Sacramento Acto físico que conduz a um contacto directo e imediato com a graça divina.

Salvação A conquista da vida eterna.

Santos Na teologia católico-romana e ortodoxa, são cristãos extraordinários que, após a sua morte, são merecedores de veneração e que podem interceder pelos crentes na Terra.

Sincretismo Mistura deliberada ou não de elementos de duas tradições religiosas distintas.

Teologia da libertação Movimento teológico do século XX dentro do catolicismo romano. Segundo a teologia da libertação, o pecado é o resultado não só de falhas pessoais como também de desigualdades sociais. Os católicos, portanto, devem lutar pela justiça social, tal como devem lutar contra o pecado pessoal.

Trindade Doutrina cristã que define a divindade como uma identidade entre Deus, Jesus e o Espírito Santo.

Dias Santos e Festas

Quadras – Dias

Advento (quatro domingos antes do Natal): período de preparação da celebração do nascimento de Jesus e uma antecipação da segunda vinda de Jesus.
Natal (25 de Dezembro): celebração do nascimento de Jesus.

Epifania (doze dias depois do Natal)
Dia de Reis: (6 de Janeiro) comemoração da chegada dos reis Magos e baptismo de Jesus.
Terça-feira Gorda ou **Entrudo** (dia anterior à Quarta-feira de Cinzas): carnaval não-oficial de preparação para o jejum da Quaresma.

Quaresma: (quarenta dias de jejum antes da Páscoa): comemora os quarenta dias passados por Jesus no deserto e é uma preparação para a Semana Santa.
Quarta-feira de Cinzas: primeiro dia da Quaresma.

Semana Santa e Quadra da Páscoa
Domingo de Ramos (uma semana antes do Domingo de Páscoa): celebra a entrada triunfal de Jesus em Jerusalém e assinala o fim da Quaresma e o início da Semana Santa.
Quinta-feira de Paixão (Quinta-feira antes do Domingo de Páscoa): celebração da Última Ceia.
Sexta-feira Santa (Sexta-feira antes do Domingo de Páscoa): comemoração da morte de Jesus na cruz.
Domingo de Páscoa (primeiro Domingo após a Páscoa judaica): celebração da ressurreição de Jesus.
Ascensão (quarenta dias após o Domingo de Páscoa): comemora a ascensão de Jesus.
Pentecostes (cinquenta dias após o Domingo de Páscoa): celebração da descida do Espírito Santo à primeira igreja em Jerusalém.

Dias dos Santos

No ano litúrgico católico-romano e no ortodoxo oriental, o resto do ano até ao início do Advento é preenchido pela celebração das vidas dos santos.

Bibliografia

Segue-se uma lista de livros para os leitores que pretendam conhecer mais acerca de alguns assuntos referidos neste volume.

ROSALIND e CRISTOPHER BROOKE, *Popular Religion in the Middle Ages: Western Europe 1000-1300* (Londres, Thames and Hudson, 1984)

Um estudo sobre a religião popular da Idade Média ocidental; escrito para um público generalizado.

PETER BROWN, *The Cult of the Saints: Its Rise and Function in Latin Christianity* (Chicago: University of Chicago Press, 1981)

Um reexame fascinante do desenvolvimento do culto dos santos na Antiguidade.

OWEN CHADWICK, *The Early Church* (Londres: Penguin Books, 1978)

Um estudo muito abrangente sobre o crescimento da igreja primitiva; primeiro volume da colecção "Pelican History of the Church", sendo toda ela uma leitura excelente para não-especialistas.

—, *The Reformation* (Londres: Penguin Books, 1982)

Uma visão geral pormenorizada, mas acessível, sobre a Reforma; o último capítulo é especialmente interessante, pois é uma discussão sobre as alterações no ministério e no culto na Reforma; é o terceiro volume da colecção "Pelican History of the Church".

GERALD R.CRAGG, *The Church and the Age of Reason* 1648-1789 (Londres: Penguin Books, 1983)

Uma boa abordagem ao conflito entre a modernidade e o cristianismo no Ocidente; quarto volume da colecção "Pelican History of the Church".

JOHN DOMINIC CROSSAN, *The Historical Jesus: The Life of a Mediterranean Peasant* (S. Francisco: HarperSanFrancisco, 1992)

Uma síntese estimulante da erudição contemporânea acerca das origens do cristianismo; excelente para os interessados não-especialistas.

ENRIQUE DUSSEL (org.), *The Church in Latin America, 1492-1992* (Maryknoll, NI: Orbis Books, 1992)

Uma muito erudita colecção de ensaios acerca da Igreja católico-romana na América Latina.

PAULA FRIEDRIKSEN, *From Jesus to Christ: The Origins of the New Testament Images of Jesus* (New Haven: Yale University Press, 1988)

Uma introdução excelente e estimulante à contemporânea crítica maior do *Novo Testamento*.

JUDITH HERRIN, *The Formation of Christendom* (Princeton, NJ: Princeton University Press, 1987)

Um registo erudito e bem documentado dos séculos omissos entre a queda do Império Romano e o início da alta Idade Média.

ELISABETH ISICHEI, *A History of Christianity in Africa: From Antiquity to the Present* (Grand Rapids, MI: Eerdmans, 1995)

Talvez o mais completo e fiável registo actual do cristianismo africano.

HELMUT KOESTER, *History and Literature of Early Christianity*, 2 vols. (Nova Iorque: Walter de Grayten, 1987)

Uma exploração fascinante pelo mundo cultural do Mediterrâneo antigo durante o período da Igreja católica primitiva.

K. S. LATOURETTE, *A History of the Expansion of Christianity*, 7 vols. (Exeter: Paternoster Press, 1971)

Um registo magistral das missões cristãs desde o século I ao século XX; uma excelente fonte de referências para informações sobre as missões cristãs no mundo não-ocidental.

CHARLES H. LIPPY, *Being Religious American Style: A History of Popular Religiosity in the United States* (Westport, CT: Greenwood Press, 1994)

Uma discussão fascinante sobre a importância da religião popular no desenvolvimento cultural dos Estados Unidos.

JOHN McMANNERS (org.), *The Oxford Illustrated History of Christianity* (Oxford: Oxford University Press, 1992)

Uma visão geral esclarecedora da história do cristianismo, notável pelos seus capítulos dedicados aos cristianismos não-ocidentais.

STEPHEN NEIL, *A History of Christian Missions* (Londres: Penguin Books, 1982)

Um estudo breve mas completo das missões cristãs; sexto volume da colecção "Pelican History of the Church".

MARK A. NOLL, *A History of Christianity in the United States and Canada* (Grand Rapids, MI: Eerdmans, 1992)

Um registo acessível e vivo, notável pelo tratamento imparcial das formas principais e alternativas do cristianismo na América do Norte.

STEVEN OZMENT, *The Age of Reform 1250-1550: An Intellectual and Religious History of Late Medieval and Reformation Europe* (New Haven: Yale University Press, 1980)

Uma boa história intelectual do período de transição entre o fim da Idade Média e a Reforma.

WADE CLARK ROOF, *A Generation of Seekers: The Spiritual Journeys of the Baby Boom Generation* (S. Franscisco: HarperSanFrancisco, 1994)

Um olhar esclarecedor sobre as crenças e práticas religiosas dos Americanos nascidos após a Segunda Guerra Mundial; escrito para um público geral.

R. W. SOUTHERN, *Western Society and the Church in the Middle Ages* (Londres: Penguin Books, 1981)

Um estudo sobre o cristianismo medieval num só tomo; segundo volume da colecção "Pelican History of the Church".

TIMOTHY WARE, *The Ortodox Church* (Londres: Penguin, 1973)

Continua a ser o livro mais acessível e completo, num só volume, sobre a ortodoxia oriental, para os não-especialistas.

Impressão e acabamento
da
CASAGRAF – Artes Gráficas, Lda.
para
EDIÇÕES 70, Lda.
em
Julho de 2000